나는 인생에서
중요한 것만 남기기로 했다

나는 인생에서 중요한 것만 남기기로 했다

단 순 한 삶 이 불 러 온 극 적 인 변 화

The Minimalist Way

에리카 라인 지음 | 이미숙 옮김

갤리온
GALLEON

생활 방식을 바꾸지 않으면
아무것도 달라지지 않는다

20대 때 아파트를 돌아다니며 화재경보기를 점검하는 일을 한 적이 있다. 수많은 집에 방문해야 했기에 쉬운 일은 아니었지만, 사람들이 사는 모습을 구경하는 걸 좋아했던 내게는 흥미로운 일이기도 했다. 똑같은 구조의 집도 누가 사느냐에 따라 정말 다른 분위기를 풍겼다. 평생 동안 모은 수집품이 가득한 집이 있었고, 부엌 조리대에 접시 하나 없는 집, 온갖 잡동사니로 바닥이 전혀 보이지 않는 집도 있었다. 또 다른 집은 매년 내가 방문할 때마다 식물의 수가 배로 늘어났는데, 나중에는 여기저기 뻗은 가지들에 햇빛이 다 가려졌고 발을 내딛기가 힘들 지경에 이르렀다. 이 일 덕분에 나는 사람들의 매우 다양한 생활 방식을 가까이서 살펴볼 수 있었다. 그때 내가 깨달은 것은 그 다양성과는 별개로 모두가 한 가지 공통점을 가지고 있다는 것이었다. 대부분의 사람들은 자신의 물건, 일정, 결심, 정신적 부담에 짓눌려 살아가고 있었다. 다들 정작 자신의 삶을 살지 못하고 있었다.

　복잡하게 사는 걸 좋아하는 사람은 아무도 없다. 그럼에도 현대의 삶은 점점 더 복잡해지고 빨라진다. 세상의 속도에 쫓겨 정신없이 지내다 보면 하루가 끝나 있다. 밖에서는 너무 많은 사람에 치이고, 스마트폰은 너무 많은 정보를 주며 집에서는 너무 많은 집안일에 허덕인다. 밀린 업무 생각만 해도 머리가 지끈거리는데 주말 모임에 적당한 식당도 검색해봐야 한다. 나도 어딘가에 정신이 팔린 채 살던 시절이 있었다. 바쁘기는 엄청 바쁜데 제대로 하는 일은 하나도 없었다. 그때는 걸음마를 배우는 아기를 보며 한없는 감격에 빠지다가도 감당할 수 없을 만큼 쌓인 일들에 녹초가 되어 우울해졌다. 내면이 혼란스럽다 보니 주변 역시 혼란스러웠다. 일을 마치고 돌아간 집에서 나를 기다리고 있는 것은 난장판이 된 거실이었다. 장난감, 빨대 컵, 담요, 고무젖꼭지, 그림책들이 바닥에 널려 있었다. 대형마트의 유아용품 코너가 우리 집 거실에서 폭발한 것 같았다. 워킹맘의 무게가 너무 무거워서 극도로 우울해진 시기였다.

그때 나를 새로운 삶으로 이끈 것은 단순한 삶에 대한 열망이었다. 쓸모없는 것들과 최대한 멀어져서 딱 본질에만 충실하게. 사실은 아무것도 아닌 것들이 내 시간을 잡아먹고, 내 머릿속을 지배하고 있다는 걸 깨달았다. 집안일에 시간을 덜 쏟는 대신 아이들과 놀아주기, 중요한 업무에 집중해서 빠른 시간 안에 끝내기, 오늘은 뭐 입을까 고민하는 시간에 아침 운동하기. 그렇게 구체적인 그림을 그리기 시작하자 내가 해야 할 일이 보였다. 미니멀리스트가 되어야 했다. 정신을 쏙 빼는 잡동사니에 둘러싸여 어떻게 중요한 것에 집중하겠는가. 일상은 루틴으로 만들어 단순화할 필요가 있었고, 내 에너지를 빼앗는 흡혈귀 같은 사람들과 거리를 둘 필요가 있었다. 신경을 빼앗는 것들로부터 나를 지켜야 했다.

나는 그때부터 나를 향한 모든 부탁에 '예'라고 대답하는 것을 그만두었다. 집 안을 돌아다니며 날카로운 기준으로 물건을 평가하고 분류했다. 그리고 우리 가족만의 시간(해변으로 떠나는 작은 모험, 공항에서 소형 비행기가 착륙하는 모습을 지켜보는 외출)을 필사적으로 지켰다. 물론 단번에 모든 것이 바뀌지는 않았다. 하지만 조금씩 더 나은 방향으로 달라졌고, 지금은 예전에는 상상도 하지 못했던 하루하루를 보낸다.

미니멀리즘은 물건뿐만 아니라 삶의 방식에 관한 이야기다. 이 책에서는 미니멀리즘을 향한 획일적인 접근 방식을 거부한다. 당신이 상상하는 미니멀리스트의 하얗고 횅한 집을 제안하지 않을 것이다. 각자가 중요하게 생각하는 가치가 다르기 때문이다. 한 가지 모습을 일방적으로 좇기보다는 자신의 방식으로 변화를 도모해야 한다. 누구나 자신에게 어울린다고 생각하는 방식을 찾을 수 있다. 한 가지 기준만 잊지 않으면 된다. 가장 중요한 것에 많은 에너지를 쏟으며 덜 중요한 것은 지워버려라.

초보 엄마였던 시절에 미니멀리즘을 향한 내 여정이 시작되었다. 당신 역시 현재 삶의 어떤 단계에 있든 오늘 당장에라도 이 여정을 시작할 수 있다! 나는 당신이 바쁘고 버거운 생활을 그만두고 만족스럽고 즐거운 생활을 시작하도록 돕고 싶다. 그렇다고 해서 삶에 자연스럽게 따르는 아픔을 경험하거나 스트레스를 느끼는 일이 결코 없을 거라는 의미는 아니다. 그러나 이 도전의 시간을 통해 인생에서 중요한 것과 포기할 수 있는 것을 구별할 도구와 건강한 정신을 얻어갈 수 있을 것이다. 한 가지 명심해주길 바란다. 갑작스럽게 삶의 방식을 바꾸는 일이 쉽지는 않더라도 꾸준하고 성실하게 나아가라. 이 변화는 노력해서 얻을 만한 가치가 있다. 단순한 삶은 단순하게 얻어지지 않는다.

에리카 라인

목차

1장

나는 인생에서
중요한 것만 남기로 했다

••••

단순한 삶이 만드는 극적인 변화

한창 힘든 시기를 지나고 있을 때의 이야기다. 결혼을 하고 아이를 낳으면서 안정된 가정을 이루기를 기대했지만 현실은 그렇지 않았다. 당시 나는 고향으로부터 수백 킬로미터 떨어진 곳에 살았다. 남편은 출장이 잦아 집을 오래 비웠고, 나는 혼자 세 아이를 키우며 애정도 없는 직장에 다녔다. 버거웠고 외로웠다.

어느 날 오후, 흔들의자에 앉아 마루에서 놀고 있는 아이들을 바라보며 생각에 잠겼다. 태양은 부드러운 붓놀림으로 온 하늘을 황금빛으로 색칠해놓았다. 그때 나는 내 인생을 책임질 사람은 오로지 나밖에 없다는 사실을 떠올렸다. 현재가 너무 힘겹다면, 이 상황을 무조건

버티고 있을 필요가 있을까. 변화를 만들 수 있는 열쇠는 내가 들고 있는데. 나는 진짜로 내게 어울리는 삶을 다시 설계해보기로 결심했다.

진정으로 나와 어울리는 삶을 구상하기 위해서는 가장 먼저 내게 중요한 것이 무엇인지 알아야 한다. 내가 '무엇'을 하느냐보다는 '왜' 그 일을 하느냐에 초점을 맞춰야 한다. '왜'는 자신의 인생에서 가장 중요한 우선순위, 핵심적인 가치관을 말한다. 자신의 '왜'를 이해하고 있다면 그 밖의 것들은 자연스럽게 자신이 원하는 방향으로 흘러가게 되어 있다. 중요하지 않은 것들이 제거되면 꿈꾸던 삶이 더 분명하게 보인다.

이것이 미니멀리즘의 핵심이다. 미니멀리즘은 자신에게 중요한 것을 추구할 수 있도록 만들고, 내면의 참모습에 어울리는 삶을 가꿀 수 있도록 돕는다. 툭하면 한눈을 팔게 만들어 결국 원하지 않는 것들로 삶을 가득 채우게 하는 방해 요소로부터 자유로워질 수도 있다. 요컨대 미니멀리즘이란 자신에게 꼭 맞는 삶을 살겠다는 선택이다.

나를 미니멀리즘으로 이끈 것은 '투 머치' 문화를 거부하고 싶다는 반발심이었다. 나는 너무 지쳐 있었다. 투 머치too much, 그러니까 너무 많은 물건, 너무 많은 전화

통화, 너무 많은 볼일, 잘 알지도 못하는 사람들에게 했던 너무 많은 약속에 넌더리가 났다.

바쁜 일정과 성취, 그리고 끝도 없는 물질의 축적을 높이 평가하는 문화에서 '덜어내기'란 쉽지만은 않다. 그러나 벼랑 끝에 몰린 심정이었던 나는 삶의 다른 선택지를 붙잡지 않을 수 없었다. 힘들더라도 덜어낼 준비가 되어 있었다. 당신도 그렇다면, 미니멀 라이프를 추구해보기로 결심하는 것은 어떨까. 우리 내면의 가장 깊은 가치를 따라가보는 것. 이 선택은 압박감과 죄책감, 그리고 극도의 피로에서 우리를 해방시켜줄 것이다.

불필요한 것을
걷어내는 비움의 기술

주위의 미니멀리스트들에게 언제 미니멀 라이프를 선택하게 되었느냐고 물었을 때 대부분은 이렇게 대답했다. "온갖 잡동사니가 나에게 미치는 영향을 인식했을 때예요." 잡다한 물건들은 물론이고, 머릿속을 어지럽히는 정신적 잡동사니는 우리에게 나쁜 영향력을 행사한다. 하지만 잡동사니를 이고 지고 사는 것에 너무 익숙해지다

보면, 그 나쁜 영향을 깨닫기가 힘들다. 그러나 언젠가는 도저히 그것들을 감당하기 싫어지는 순간이 온다. 자신을 괴롭히는 잡동사니의 무거움을 체감하기 시작했을 때, 그때가 바로 변화에 대한 소망이 싹트는 순간이다. 세 종류의 잡동사니를 하나하나 살펴보자.

물리적 잡동사니

십대 초반이었을 때 아랫집에 사는 이웃에게 아이들을 돌봐달라는 부탁을 받았다. 처음 그 집에 들어갔을 때 내색은 하지 않았지만 속으로는 살짝 놀랐다. 비좁은 집에 얼마나 많은 물건이 들어갈 수 있는지를 그때 처음 알았다. 부엌 조리대에는 접시와 음식이 가득했고, 책장에 책은 차고 넘쳤으며 아이들의 침실 바닥에는 장난감들이 겹겹이 쌓여 있어서 카펫이 보이지 않을 정도였다.

기억에 가장 강렬하게 남아 있는 장면은 침실에서 아이들이 지나다니던 모습이다. 침대 두 개가 있던 방이었는데, 아이들은 방 안쪽까지 가기 위해 첫 번째 침대에서 두 번째 침대로 몸을 훌쩍 날리곤 했다. 그 편이 어수선한 바닥을 헤치며 발 디딜 틈을 내려고 애쓰는 것보다 더 쉬웠기 때문이었다. 돌이켜 보면 이웃의 집이 내 기억

속의 그림만큼 어질러졌거나 어수선하지 않았을지 모른
다. 하지만 그 집은 우리 집과는 달리 편안하다는 느낌이
전혀 들지 않았다. 수차례 아이들을 돌봐준 후에도 마찬
가지였다.

수십 년이 지난 지금, 나는 우리 집에 잡동사니가 쌓이
기 시작하면 그때와 똑같은 불편한 느낌이 슬며시 밀려
들어 안절부절못한다. 이것은 단순함으로 돌아가야 한다
는 신호다. 어수선한 공간으로 들어갈 때 어떤 느낌이 드
는가? 무언가 살갗에 살짝 와 닿는 느낌이 드는가? 부엌
이나 침실, 혹은 친척 집의 거실일 수도 있는 혼잡한 공
간에 앉아 있으면 생각의 속도가 빨라지는가? 그런 공간
에서 일을 하거나 대화를 나누면 더 쉽게 정신이 산만해
지는가? 가벼웠던 마음이 그 공간에 들어서는 순간 무거
워지지는 않았는가? 어수선하고 산만한 공간에 앉아 어
떤 생각과 느낌이 드는지 집중해보기를 권한다. 그때 들
었던 감정들이 당신의 삶을 바꿀 수 있는 계기를 마련해
줄 것이다.

정신적 잡동사니
내 메일함에는 정신적 부담의 무게에 짓눌리고 있다는

독자들의 이메일이 가득하다.

"내 머릿속은 마치 핀볼 게임인 것 같아요. 한 가지 생각에서 다음 생각으로 쉴 새 없이 튕겨 다니기만 하고 결국에는 해낸 일이 전혀 없어요."

"늘 급한 불을 끄기에 급급한 것 같아요. 어젯밤 늦게 받은 이메일에 답장을 했나? 치과 예약 일정을 바꿨던가? 프린트 용지 사는 걸 까먹으면 큰일인데. 대니의 청첩장에 회신을 보냈던가? 가끔은 뇌가 터져버릴 것만 같아요."

"수많은 생각들이 머릿속에 뒤엉켜 있어요. 이곳이 아닌 다른 곳에서 머리를 비우면 얼마나 좋을까요."

하루가 멀다 하고 새로운 기술이 등장하는 시대다. 모두가 오랜 시간 노동하고 지나치게 경쟁한다. 가정과 직장에서 대단한 성과를 거둘 것이라는 기대를 받고, 기분 좋은 얼굴로 만사를 처리해야 한다는 중압감을 끊임없이 느낀다. 집이 물건으로 차고 넘치듯이 우리의 정신이 생각으로 차고 넘친다면 어떻게 내면의 중심을 찾을 수 있을까?

감정적 잡동사니

감정적 잡동사니는 눈에 띄지 않지만 행복과 안녕에 가장 큰 영향을 미친다. 이 잡동사니는 머릿속을 떠나지 않는 매우 익숙한 생각으로 이루어져 있기 때문에 흡사 옛 친구 같은 느낌마저 든다. 그 생각들을 머리 밖으로 끌어내야만 비로소 그들이 친구와는 거리가 멀다는 사실을 깨닫는다. 사실 둘은 결코 친구였던 적이 없다.

다음은 우리의 에너지를 깎아내는 몇 가지 일반적인 생각의 고리들이다. 익숙하게 들리는 것이 있는가? 직접 목록을 만든다면 무엇을 덧붙이겠는가?

'이곳의 모든 일을 나 혼자 처리하고 있다.'
'아무도 내게 관심이 없다.'
'상사가 나를 인정하지 않는다.'
'부모, 배우자, 형제자매, 친구로서 나는 형편없다.'
'나는 친구를 사귀는 데 너무 서투르다.'
'나는 이 일에 영 소질이 없다.'

이런 생각들은 하면 할수록 뇌에 더 깊게 새겨진다. 때때로 부정적인 생각이 저절로 움직이는 것처럼 느껴지는 것은 이 때문이다. 그러나 다행히도 우리의 뇌는 변형이 가능하다(과학 용어로 이를 신경가소성이라고 일컫는다). 다시 말해 일정 기간 동안 의식적으로 노력하고 꾸준히 연습하면 부정적인 생각을 차단하고 기분 좋은 생각으로 대체할 수 있는 이야기다.

나는 인생 대부분의 시간을 '아무도 내가 하는 일에 관심이 없다.'라는 생각을 하며 힘들어했다. 청소년 때 한 멘토를 찾아가 눈물을 글썽이며 이 좌절감을 토로했던 일을 지금도 생생히 기억한다. 사회생활을 시작하고 결혼 후에 아이를 얻으면서 좌절감은 갈수록 깊어졌다. (걸음마를 배우는 아이들은 엄마에게 진심 어린 고마움을 명확하게 표현하는 법이 없다!)

하지만 지난 몇 년 동안 조금씩 깨달은 점이 있으니, 나를 괴롭힌 내면의 목소리는 감정적 잡동사니에 불과하다는 것이다. 그것은 나를 짓누르고 내 영혼에 저항을 일으킨다. 이제 나는 다른 사람들이 어떻게 행동해야 한다고 생각하는 나만의 매뉴얼을 버렸다. 그들이 내 노력을 알아주기를 기다리기보다는 내가 원해서 노력하기를 선택했다. 이를테면 집에 있는 잡동사니를 정리함으로써 깔끔하고 평온한 환경과 스스로 노력했다는 만족감을 얻는다. 남편과 아이들을 사랑하는 마음으로 그들을 위해 최선을 다하고 그들 역시 최선을 다해주기를 바란다. 매뉴얼을 버리고 나니 생각의 전환이 훨씬 자유로워졌다. 이 이야기는 내적 생활에 미니멀리즘을 적용하면 의미 있는 결과를 지속적으로 얻을 수 있음을 보여주는 수많은 사례 가운데 하나일 뿐이다.

당신을 감정적으로 지치게 하는 생각들이 있는가? 머릿속에 맴도는 부정적인 각본을 확인하고 글로 적어보길 권한다. 그러고 나서 그것을 인식해라. 다음번에 그와 같은 각본이 또다시 고개를 들면 (과거에 그랬듯이 진리로 받아들이기보다는) 의문을 제기해라.

부정적인 생각의 고리가 반복적으로 나타났을 때 원래 생각과 180도 다른 생각으로 즉시 전환하려고 애쓰지 않아야 한다. 이를테면 '아무도 내게 관심이 없어.'에서 '모든 사람이 나를 사랑해.'로 전환하는 것은 지나친 비약이다. 그보다는 긍정적이되 작은 변화를 이끌어내야 한다. 예컨대 '아무도 내게 관심이 없어.'라고 생각된다면 '우리 가족은 내게 관심이 많아.' 혹은 '나는 내게 관심이 많아.'

라고 생각을 바꿔야 한다. 그리고 그 생각을 진심으로 믿어라. 부정적인 생각을 하고 있다는 사실을 의식하고 긍정적인 생각으로 바꾸는 것. 당신을 망치는 잡동사니로부터 자유로워질 수 있는 유일한 방법이다.

쓸데없는 일에
너무 많은 시간을 낭비했다!

겉으로 잘 드러나지는 않지만, 잡동사니는 우리의 자원과 에너지에 엄청난 비용을 요구한다. 기회비용이 생기는 과정을 보자면 이렇다. 우리는 원하는 물건에 돈을 쓴다. 하지만 이 물건은 곧 기억에서 잊힌 채 구석에 버려져 먼지만 쌓인다(결국 우리 손으로 청소해야 할 것이다). 얼마가 지나면 우리는 새롭고 더 좋은 것에 눈독을 들인다. 이런 과정이 반복된다. 그렇다. 이 과정에 낭비되는 것은 돈뿐만이 아니다. 우리는 쇼핑에 들인 시간, 물건을 보관한 물리적 공간, 그리고 정신적 에너지를 대가로 치렀다.

　다음의 질문에 답을 해보면서 삶의 잡동사니에 치러야 할 실질적인 대가를 생각해보자.

- 온라인 쇼핑을 하거나 잡동사니에 파묻혀 보이지 않는 중요한 서류를 찾으며 허비했던 시간에 다른 어떤 일을 할 수 있었을까?
- 뇌가 끊임없이 풀가동하고 있는 것처럼 느껴지는가?
- 물건의 노예가 된다는 느낌을 받아본 적 있는가? 그 느낌은 나에게 어떤 영향을 미치는가?
- 아이의 뒤치다꺼리를 하거나 아이에게 잔소리를 하며 반나절을 보낼 것인가? 아니면 아이와 의미 있는 시간을 보내면서 관계를 형성할 것인가?
- 가족이 각자 맡은 일을 하지 않는다는 생각이 들면 화가 치미는가?
- 주위 사람들이 내가 물건에 집착한다고 여기는가?

미니멀리스트는 삶이 선택으로 가득하다는 사실을 안다. 한 가지 일에 시간을 할애한다는 것은 다른 일에 시간을 할애하지 못한다는 뜻이다. 창고에 처박혀 있는 사용하지 않는 도구나 해마다 꺼내기가 내심 귀찮은 크리스마스 장식품에 따르는 실질적인 비용은 그것에 지불한 돈뿐만이 아니다. 이것을 검색하거나 구입하거나 정돈하거나 보관하거나 수리하면서 보낸 시간도 비용에 포함된다. 그 시간과 에너지로 무슨 일을 할 수 있었을지 생각해보자. 가족과 함께 보낼 시간, 혹은 진짜 좋아하는 일을 하면서 보낼 시간을 쓰지 않았는가? 요컨대 삶이 잡동사니에 짓눌리고 있다면 우리는 가장 중요하지 않은 일들에 자신의 가장 중요한 부분을 할애하고 있는 셈이다.

단순할수록 더 아름답다

차에서 내려 주유하는 동안 다섯 살 된 아이가 창밖을 내다보며 이렇게 물었다. "엄마, 기름 넣는 기계가 왜 우리한테 말을 하는 거예요?"

나는 이렇게 대답했다. "저 작은 텔레비전은 광고를 방송하는 거야. 우리가 물건을 사기를 바라는 거란다."

아이는 "아, 멋지네요."라고 말했다.

사실은 멋지지 않다. 우리가 하루에 접하는 광고의 양은 아찔할 정도로 많다. 쏟아지는 광고 홍수 속에서 사람의 눈을 잡아끄는 광고의 기발함은 말할 필요도 없다. 디지털 마케팅 전문가에 따르면 미국인이 하루에 접하는 기업의 메시지가 4천~1만 건에 달한다. 광고 기술은 발전을 거듭하여 이제는 우리가 온라인에서 무엇을 클릭하고 무엇에 관심을 가졌는지 정보를 수집해 활용한다. 그 뿐만 아니라 우리는 SNS 피드에서 팔로우한 사람들이 홍보하는 제품을 접한다. 기업들이 인플루언서들과 손을 잡고 있기 때문이다. 광고가 더 교묘하게 일상에 침투함에 따라 소비주의의 판도가 지난 몇십 년 동안 어마어마하게 바뀌었다. 우리는 광고에 둘러싸여 많을수록 더 좋다는 메시지에 잠긴 채로 성장했다.

미니멀리스트처럼 생각한다는 것은 현상에 의문을 제기한다는 뜻이다. 미니멀리스트로 살고 싶다면 우선 스스로에게 이렇게 질문하라.

- 직접적이든 간접적이든 상관없이 어떻게 하면 광고에 적게 노출되어 구매욕을 자극하는 수많은 제품을 접하지 않을 수 있을까?
- 물건을 구매해서 얻은 행복감이 얼마나 오랫동안 지속되는가?
- 물건을 소유할 것인가, 아니면 경험을 얻을 것인가?
- 제품을 산 뒤에 배터리 교체, 보관, 수리, 세척 등에 얼마나 많은 시간을 투자할 것인가?
- 혼잡하고 어수선한 환경에서 어떤 기분이 드는가?

- 우리 집은 내가 원하는 내 모습을 시각적으로 표현하는가?
- 내가 없으면 누가 내 물건을 정리해야 하며 이 부담을 덜어주려면 지금 내가 무엇을 할 수 있는가?

　미니멀리스트의 렌즈를 통해 내 삶을 바라보기 시작하면서 집을 넓히고 싶다는 소망을 조금씩 버렸다. 집이 넓으면 청소할 것이 많아진다. 더 이상 액자와 예술 작품으로 벽을 채우지 않았다. 단순할수록 더 아름답다. 다른 사람들의 눈에 내가 어떻게 보일지에 점차 신경을 쓰지 않았다. 그러자 이전보다 만족감과 자신감이 더 커졌다.

잡동사니가 쌓이기 시작하면
불편한 느낌이 슬며시 밀려들어
안절부절못한다.
이것은 단순함으로
돌아가야 한다는 신호다.

과소비하는 사람들의 흔한 핑계

누군가 자신이 소유한 온갖 물건에 짓눌리는 느낌이라고 말하면, 나는 어쩌다 그런 상태에 이르렀는지 생각해보라고 말한다. 이를테면 이렇게 묻는다. '애초부터 무엇 때문에 그렇게 소비를 많이 했을까요?', '신용카드를 꺼내게 된 결정적인 계기는 무엇인가요?', '쇼핑 습관을 바꾸기가 왜 그리 어렵다고 생각하죠?' 그들과의 대화를 통해 발견한 바에 따르면 대부분의 사람들은 소비의 원인을 아래와 같은 생각 패턴 가운데 적어도 한 가지, 혹은 세 가지 모두로 돌린다.

쇼핑을 해야 기분이 풀릴 것 같아!

나는 온라인 쇼핑몰에서 '주문하기' 버튼을 클릭해서 구매가 완료된 것을 만족스럽게 지켜보고 노트북을 닫았다. 바로 그 순간 어깨에 쌓여 있던 긴장감이 다소 풀리는 것을 의식했고 그것이 물건을 샀기 때문이라고 여겼다. 나는 며칠 동안 내 안에 쌓였던 불안을 해소할 방법을 찾고 있었음을 깨달았다.

생각해보자. 눈앞에 닥친 문제를 해결할 방법이라고

여기며 무언가를 구매한 적이 얼마나 많은가? 이를테면 가족 간의 갈등을 해소하려고 널브러진 물건을 담을 수납 바구니를 산다든지, 말을 듣지 않는 아이들을 달래기 위해 무언가를 산다든지. 나는 네 살 먹은 아들이 조립한 레고를 더 이상 망가트리지 않길 바라며 딸에게 새 레고를 사준 적이 있다. 우리는 대개 무언가를 살 때 합당한 이유가 있다고 합리화하지만 정말 그런가? 그것은 약간의 해방감을 느끼고 도파민을 분출시키며 기분을 전환하기 위한 수단일 뿐이다.

사람들은 자신의 감정, 특히 힘든 감정을 회피하기 위해서라면 무엇이든 마다하지 않는다. 초콜릿을 마구 먹는 사람이 있는가 하면 와인을 한잔 마시거나 넷플릭스에서 아무 생각 없이 드라마 몇 편을 시청하는 사람이 있다. 우리 어머니는 그럴 때면 욕실을 청소한다(이보다 훨씬 더 나쁜 분출구들이 있다는 사실을 잘 알 것이다).

많은 사람의 분출구는 소비다. 그렇기 때문에 쇼핑을 흔히 농담조로 '리테일 테라피Retail Therapy(쇼핑을 통해 기분 전환을 하는 것)'라고 일컫는다. 우리는 쇼핑을 이용해 단기적인 쾌감을 찾는다. 이는 밑바탕에 깔린 감정을 무디게 만드는 데 도움이 된다. 지난 10년 동안 우리는 전통적인 소매 매장에서 온라인 쇼핑으로 옮겨 가는 대대적인 이동을 경험했다. 새로운 것을 구입하는 즉각적인 만족감을 얻기가 그 어느 때보다 쉬워진 것이다. 쇼핑으로 스트레스를 푸는 소비 습관은 부정적인 감정을 올바른 방법으로 처리하지 못하게 만든다. 그것뿐이 아니다. 통장 잔고는 줄어들고 집 안은 온통 물건으로 넘쳐난다.

지금 안 사면 못 살지도 몰라

내 한 친구의 아버지는 수집가다. 그는 일간 신문을 묶는 고무 밴드, 포장 봉지에 담긴 일회용 간장과 포크, 그리고 잡지 『내셔널 지오그래픽』을 빠짐없이 모은다. 그는 체계적인 수집가다. 그렇기 때문에 외부인의 시각으로는 그의 보관 시스템을 이해할 수 없을지 몰라도 누군가 개별 포장된 이쑤시개를 부탁하면 금세 찾아줄 것이다. 최근 그의 가족은 아담한 뒤뜰에다 널찍한 창고를 지었다. 그의 수집품이 집 안에 넘쳐나다 보니 보관할 공간이 더 필요했기 때문이다.

이 다정한 수집가를 직접 만나서 왜 버리지 못하냐고 묻는다면 그는 그저 어깨를 으쓱하고 미소를 머금으며 이렇게 답할 것이다. "여기에 있는 물건이 언젠가 필요할지 모르잖소."

흠 잡을 데 없이 합리적인 대답처럼 들린다. 하지만 이 말의 밑바탕에는 어느 날 그의 집에 있는 어떤 물건(아니면 누가 알겠는가, 모든 물건)을 더 이상 쓰지 못할 수 있다는 가정이 깔려 있다. 세상이 바닥날지 모른다는 가정. 이와 똑같이 행동하고 생각하는 사람이 너무도 많다.

다음에 살 신발이 지금 것만큼 마음에 들지 않을까 봐 너덜너덜해진 신발을 버리지 못한 적이 있는가? 다시는 이만큼 파격적인 할인이 없을 것이라고 굳게 믿고서 단골 매장에서 한 달 용돈을 모두 써버린 적이 있는가? '재고 5개'라는 빨간색 작은 글씨가 눈에 띄어 '장바구니'를 클릭한 적이 있는가?

이것이 희소성의 법칙이다. 다시 말해 우리는 자신이 사고 싶은 것이 바닥나는 일은 없을 것임을 알면서 이와 반대로 자원은 바닥날 것이라고 믿는다. 우리는 대개 이런 착각에 빠진다. 희소성이 우리에게 필요하지 않은 무언가에 집착할 만한 합당한 이유처럼 느껴지기 때문이다. 새것을 사는 일과 낡은 것을 버리지 않는 일, 이 두 가지 행동의 결과로 우리는 지금껏 축적한 물건에 치여 물리적으로 부담을 느끼고 감정적으로 버거워한다.

나도 너처럼 화려하게 살고 싶어!

자신과 타인의 생활 방식을 비교하기가 지금보다 쉬웠던 적은 없다. 대학을 졸업하고 이따금 전화를 하거나 SNS 를 통해 동창생들과 연락하다 보면 누군가 승진하거나 아이를 낳거나 휴가를 가거나 새집을 장만할 때마다 소식을 접하게 된다. 어린 시절 친구, 한참 동안 보지 못한 사촌, 직장 동료, 상사, 이웃, 심지어 연예인의 사생활을 엿볼 수 있는 지금, 세상은 더없이 좁아졌다.

사실 우리는 눈에 보이는 것이 전부는 아니라는 사실을 너무 잘 안다. 대개 자신의 삶에서 가장 흥미로운 부분만 기록으로 남기고 혼란스럽고 힘든 부분은 누락시키면서 현실을 여과한다. 인스타그램에 올라온 사진처럼 항상 머리가 단정한 사람은 없으며 티끌 하나 없이 깔끔한 집도 없다는 사실을 안다. 하지만 그럼에도 바로 눈앞에 보이는 것을 자신과 비교하지 않기란 여간 어려운 일이 아니다.

기업이 이런 문화에 크게 한몫을 했다. 그들이 운영하는 SNS 계정을 보면 유행하는 값비싼 옷을 사야 할 것 같고 외국으로 배낭여행을 떠나거나 야외 조명으로 불을 밝힌 캠핑장에서 근사한 음식을 해먹어야 할 것 같다.

보는 것이 많아질수록 내 삶이 눈에 보이는 것과 같아지기를 바라는 마음 또한 더 간절해진다. 그런 생활이 현실적으로 가능하지 않다는 사실을 알면서도 말이다. 머릿속으로 떠올리는 비교 사례들이 소비하고 획득하며 축적하려는 우리의 욕구를 부추긴다. 다음과 같은 생각 가운데 한 가지가 머릿속을 스칠 때마다 '경고'가 울린다고 생각해라. 경고가 울리면 어떤 삶을 살기로 결심했는지 다시 한 번 상기하라. 더욱 의식적인 소비자로 거듭날 수 있는 쉬운 방법이다.

'오늘 저녁에 외식하면 훨씬 편할 텐데.'

'신용카드로 결제하면 돼.'

'새 옷이 필요해.'

'엄마한테 이걸 사드리면 무척 좋아하시겠지.'

'세일이니까 꼭 사야 해.'

'품절되면 어떡하지?'

'이걸 사면 기분이 더 좋아질 거야.'

'다들 가지고 있잖아. 나도 가져야 해.'

'기분 전환이 필요해.'

'이걸 사면 더 편해지지 않을까?'

허리케인이 집을 덮쳤을 때
손안에 남은 것들

대부분의 소비는 기분 전환과 일시적인 만족감을 제공한다. 당면한 문제에서 벗어나 머리를 식히고 새로운 무언가를 구입함으로써 일시적인 만족감을 느끼는 것이다. 내가 말하고자 하는 바는 소비를 모조리 중단하자는 것이 아니다. 좀 더 의식적으로 소비하고, 소비를 통해 기쁘고 만족스러운 삶을 만들어가는 것이다. 소비를 해서 겉보기에 멋진 삶을 꾸미기보다는 소비를 제한해 멋지게 느껴지는 삶을 창조하자. 멋진 삶과 우리가 소유하는 물건은 전혀 관계가 없다.

나의 독자 로리는 허리케인 어마가 강타했을 때 이 사실을 뼈저리게 실감했다. 당시 로리의 남편은 안전한 곳으로 대피하기 위해 앞뜰을 헤엄쳐 작은 오렌지색 카약을 붙잡았다. 남편과 다섯 살 된 아들, 그리고 소지품을 담은 작은 비닐봉지를 옆에 두고 카약에 가까스로 올라앉았을 때 로리는 위험한 상황에서 완전히 벗어나 평화를 되찾았다는 안도감을 느꼈다.

로리는 이렇게 말했다. "그 순간 내가 두고 온 물건들은 전혀 떠오르지 않았어요. 내게 필요한 모든 존재가 옆에 있었으니까요. 우리 가족이 모두 무사하니 그거면 충분하다고 생각했죠."

지금 당장 당신의 삶에 즐거움과 성취감을 선사하는 것의 목록을 작성한다면 무엇을 적어 넣겠는가? 머리에 떠오르는 것을 재빨리 적어보자. 나는 대부분의 사람이 가족과 친구를 맨 위에 적을 것이라고 생각한다. 인간관계가 행복의 밑바탕이라는 사실은 굳이 배우지 않아도 알기 때문이다. 그다음으로는 아마 창의적인 일, 남을 위한 보답과 봉사, 신앙, 경제적 안정, 삶과 일에서의 목표의식 등을 적을 것이다. 장담컨대 새로 산 청바지나 지난주에 구입한 전자제품, 혹은 최근 아마존에서 주문한 다섯 가지 물건(무엇을 주문했는지 기억이나 하는가?)을 적지는 않을 것이다.

미니멀리즘의 숨겨진 묘미는 이것이다. 물건을 버리고 소비를 줄이는 일이 미니멀리즘의 핵심처럼 보일 수 있으나 실제로는 전혀 그렇지 않다. 인생에서 가장 중요한 것을 생각해볼 때 물건을 떠올리는 사람은 없기 때문이다.

2장

세상의 욕망에
휘둘리지 않는 법

• • • •

아무것도
욕심내지 말라는 뜻이 아니다

내 친구 로렌이 마음 깊숙이에서 불편한 느낌을 의식한
것은 스물여섯 살 무렵이었다. 처음에는 무엇 때문에 그
런 느낌이 드는지 정확히 집어낼 수 없었다. 업무 프로젝
트나 고객과의 관계 때문에 불안한 걸까? 아니다. 그녀
의 일 처리에는 문제가 없었다. 세금이나 배심원 출석 의
무를 잊었나? 그렇지 않다. 그 문제도 해결했다. 심각하
지는 않지만 말끔히 가시지 않는 불편함을 느끼면서 몇
주를 지낸 끝에 그녀는 가족과 친구들에게 연락해 소중
한 사람들이 모두 무탈한지 확인하기 시작했다. 모두 무
사했다.

프리랜서 그래픽 디자이너라는 직업은 그녀가 항상 꿈꿔왔던 일이었다. 그 일에서 엄청난 성취감을 느꼈기에 하루 종일이라도 일할 수 있을 것 같았고 실제로 그렇게 했다.

그런데 말끔히 가시지 않는 그 불편함 덕분에 그녀는 자신이 모른 척하고 지냈던 것들에 눈길을 주게 되었다. 일하느라 미뤄두었던 것들, 하루를 시작하는 요가 수업, 아버지나 동생과의 긴 전화 통화, 친구들과의 저녁 식사 등 관심 밖으로 밀어두었던 모든 것에 말이다.

우리는 이따금 불화나 단절, 긴장 같은 불편한 느낌을 통해 자신의 진정한 가치관을 깨닫는다. 비록 정확히 집어낼 수는 없지만 이런 느낌은 선물이다. 우리의 삶을 우리의 가슴에 맞춰 다시금 조율해야 한다는 경종인 것이다.

이 장에서는 당신이 가슴속에 담아둔 것과 다시금 친숙해지도록 도울 것이다. 당신은 삶의 모든 분야에서 자신의 가치관을 정확하게 확인할 것이며 우리는 힘을 모아 가치관을 삶에 적용하는 연습을 시작할 것이다. 진정한 자아를 반영하는 결정은 자신에게 어울리는 삶을 창조할 기회로 이어진다.

이 책을 쓰는 동안 나는 이 책의 주제를 많은 사람에게 전할 기회가 있었다. 친구와 학부형부터 원고 작업을 하며 수백 시간을 보낸 카페의 바리스타에 이르기까지 대부분은 자신이 얼마나 많은 물건을 소유하고 있는지에 대한 이야기로 대꾸했다. 심지어 호기심이 가득한 눈으로 나를 쳐다보며 이렇게 질문한 사람도 있었다. "미니멀리스트가 되라고 어떻게 설득할 건가요? 물건을 모조리 내다 버리라고 말할 수는 없잖아요?"

이런 질문에 답변하던 끝에 이 책을 통해 미니멀리즘의 진정한 메시지를 공유하고 싶다는 마음이 더욱 간절해졌다. 그렇다. 미니멀리즘에는 우리가 무엇을 소유하고 무엇을 소비하는지에 대한 이야기가 꼭 있어야 한다. 하지만 그보다 훨씬 더 의미가 큰 핵심이 있다. 내가 당신에게 권하는 변화의 핵심은 가치관에 따르는 삶, 다시 말해 외적으로 보이는 것보다 내적으로 훨씬 더 뿌듯함을 느끼는 삶을 사는 것이다.

선택의 기준은
단순할수록 좋다

첫 아이의 출산을 앞두고 있을 때 나는 앞으로 둘째, 셋째가 태어날 때마다 하프마라톤에 도전하기로 결심했다. 한 번도 달리기를 잘했던 적이 없던 터라(중학생일 때 억지로 시켜서 달렸던 이후로는 1킬로미터도 꼬박 달려본 적이 없다) 생애 첫 하프마라톤을 위해 훈련한다는 생각만 해도 너무 겁이 났다. 그래서 매주 달리는 거리를 늘려서 완주할 수 있다는 자신감이 적당히 생길 때까지 아무에게도 이 결심을 알리지 않았다.

그것은 나의 가치관 중 하나가 밑바탕이 된 목표였다. 내 목표는 아이가 태어날 때마다 하프마라톤에 도전하는 것이었지만 내게 동기를 부여한 것은 내 마음속에 깊숙이 자리한 가치였다. 나는 건강을 유지하고 싶었고 가족과 보조를 맞추면서 지속적으로 내 꿈을 좇을 수 있는 힘과 에너지를 얻고 싶었다.

우리가 가치를 실현하는 방식은 목표를 달성하는 방식과 다르다. 가치를 실현할 수 없다 하더라도 우리는 목표를 세우고 달성하려는 행동을 취한다. 나는 아이가 태어날 때마다 도전했던 세 번의 하프마라톤에서 마침내 (땀에 흠뻑 젖어 가쁜 숨을 내쉬면서) 결승선에 도달했다. 목표를 달성한 것은 맞지만 그런 순간이 가치를 실현하는 순간은 아니다. 하지만 자신의 행동에 가치를 반영하고 가치를 선택의 기준으로 삼는다면, 가치는 우리 삶의 단단한 토대가 되어준다.

미니멀리즘에서 가치와 목표를 구별하는 것은 중요하다. 우리에게 동기를 부여하는 것은 결국 우리의 가치이기 때문이다. 예를 들어 6개월 동안 매달 집 안의 한 공간에서 물건을 정리하겠다는 목표를 세운다고 가정하자. 처음에는 새로운 목표를 정하는 것만으로도 솟구치는 흥분과 의욕을 느낄 수 있다. 하지만 몇 달이 지나면 의욕은커녕 아무것도 하기 싫어지는 순간이 온다. 그때 자신의 목표를 뒷받침하는 가치를 인식한다면 마침내 결승선에 이를 수 있다. 미니멀리스트는 가치관이 꿈을 이루라고 우리를 자극하며 천천히 타오르게 만드는 불길임을 안다.

우선순위 설정의 기술

이 책의 목적을 고려해 새롭게 정의하자면, 가치관이란 '무엇이 중요한지에 대한 개인적인 판단'이다. 아래에 나열한 가치를 훑어보고 공감이 가는 것에 체크하라. 빈칸에는 여기에 나오지 않은 가치를 추가해도 좋다.

모험	가족
진실함	유연함
균형	집중
대담함	다정함
용감함	우정
시민의식	재미
헌신	감사하는 마음
공동체	성장
동정심	행복
일관성	유머
만족감	영향력
사회적 공헌	내면의 평화
창의성	성실함
호기심	기쁨

믿음직함	정의
결단력	배려
공감	지식
신앙	리더십
학습	경제적 독립
사랑	봉사
충실함	단순함
의미 있는 일	영성
자연	안정
새로움	강인함
개방성	신뢰성
끈기	결속감
존재감	활력
평판	지혜로움
존중	경이감
책임감	_____
안전	_____
자신감	_____
자기애	_____
자기 존중	_____

공감이 가는 가치에 모두 체크했다면, 이제 그 범위를 좁히는 법, 즉 가장 중요한 것을 확실하게 인식하는 법에 대해 이야기하자.

나만의 기준을 찾아라

자신이 소중하게 '여겨야 한다'고 생각하는 것이 아니라 진정으로 소중하게 여기는 것을 발견하기 위해 최선을 다하라. 나는 당신이 외부에서 오는 소음과 중압감을 헤쳐 나갈 수 있다면 마음속에서 이미 어떤 원칙을 삶의 토대로 삼고 싶은지를 알고 있다고 믿는다. 부모님, 파트너, 친척, 종교 지도자와 같은 가치관을 가질 필요는 없다. '해야 한다'를 밀어내고 진짜 마음의 소리를 들어라.

어떤 희생을 하더라도 고수할 가치

더 소중하게 여기는 무언가를 위해 시간, 돈, 인기, 인정, 혹은 성공을 희생했던 순간을 떠올려보자. 자신이 하지 않은 일에 대해 공을 인정받았을 때 상사에게 솔직하게 사실을 밝혔던 적이 있는가? 그 순간에 당신은 상사의 칭찬보다 진실함이 더 중요했다. 친구의 고민을 들어주느라 하루 종일 그토록 기다리던 혼자만의 소중한 시간을 희생했을지도 모른다. 더 소중하게 여기는 것을 위해 좋아하는 것을 기꺼이 포기할 때, 그때가 바로 핵심 가치관에 따라 움직이는 순간이다.

내면의 목소리에 귀를 기울여라

이 과제가 성격 검사 방식과 비슷하다고 생각하라. 성격 검사의 질문에 답할 때는 너무 깊이 생각하지 말고 머릿속에 가장 먼저 떠오르는 것을 선택하라는 지시를 받는다. 직감은 내가 무엇을 소중하게 여기는지 알고 있다. 과제를 진행하는 동안 당신은 그런 특성에 자연스럽게 끌릴 것이다. 누구에게나 마음속 깊은 곳의 목소리가 있다. 이 목소리는 다른 누구보다 우리를 더 정확하게 안다. 사람들은 이를 우주, 정신, 가장 숭고한 자아, 직관, 직감, 혹은 영혼이라고 일컫는다. 어떤 이름을 붙이는지는 그것을 듣는 법을 배우는 것만큼 중요하지 않다. 자신의 가치관을 확인하는 과정은 내면의 목소리에 귀 기울이는 법을 연습할 기회다.

핵심 가치 세 가지를 선택하라

체크한 가치들을 다시 읽고 어떤 것이 자신을 가장 잘 표현하는지 더욱 깊이 생각해보자. 핵심 가치를 찾는 방법에서 제시한 조언을 이용해 이 가치들 가운데 자신에게 가장 중요하다고 생각하는 세 가지 가치를 선택하라.

핵심 가치

1._____

2._____

3._____

세 가지를 선택했다면, 며칠 동안 마음속으로 곰곰이 생각한 다음에 다시 확실히 결정하기를 권한다. 정처 없이 배회하도록 내버려둘 때 뇌는 더 명료해진다. 무의식이 제 역할을 수행하도록 내버려두는 것이 효과적이다. 당신은 오늘보다 훨씬 더 맑은 정신으로 자신의 목록을 다시 살펴보게 될 것이다.

가치 나무 만들기

핵심 가치를 나무의 몸통이라고 생각하자. 몸통은 전체 나무의 건강에 필수적인 부분이다. 몸통이 없다면 나무가 존재하지 않을 것이다. 하지만 나무를 지금의 모습으로 만드는 것은 몸통에서 뻗어 나온 가지들이다.

모두가 핵심 가치를 자신(나무)의 밑바탕으로 삼아서 개별적이지만 서로 연결된 몇 개의 삶의 영역(가지)을 가지고 있다. 앞에서는 넓은 의미에서 당신이 소중하게 여기는 가치들을 결정했다. 이제 구체적으로 생각할 시간이 왔다. 삶의 각 영역에서 당신의 가치들을 어떤 식으로 전개할 것인지 생각해보자. 다음은 내가 가장 자주 만나는 삶의 영역이다. 만약 본인에게 어울리지 않는다고 생각하는 영역이 있다면 제외시키거나 다른 것으로 바꾸어도 무방하다.

1. 가족
2. 집(가정)
3. 일
4. 인간관계
5. 건강

핵심 가치를 마음에 새기고 삶의 각 영역마다 세 가지 가치를 떠올려라. 중복되는 가치가 있어도 괜찮고 핵심 가치에서 선택해도 무방하다. 사실 이런 경우가 발생

한다면 그것은 당신의 가치가 전반적으로 일관적이라는 의미다. 예컨대 '활력'이 핵심 가치의 하나라면, 건강 영역에서도 '활력'을 선택할 가능성이 높다. 그런데 이 외에도 건강을 일관적으로 유지하고, 건강이 내면의 평화에 일조하기를 원할 수 있다. 그렇다면 '일관성'과 '내면의 평화'를 더하면 된다. 활력과 일관성, 내면의 평화를 건강 영역의 핵심 가치로 삼는다. 오른쪽은 가치 나무를 채운 한 예시다. 이를 참고해 당신의 가치 나무를 완성해보자.

가치 나무

집
1. 따뜻함
2. 안전
3. 행복

가족
1. 헌신
2. 사랑
3. 유머

일
1. 의미 있는 일
2. 용감함
3. 창의성

인간관계
1. 진실함
2. 우정
3. 공감

건강
1. 활력
2. 일관성
3. 내면의 평화

핵심 가치
1. 진실함
2. 내면의 평화
3. 활력

가치 나무

집

1. _____
2. _____
3. _____

가족

1. _____
2. _____
3. _____

일

1. _____
2. _____
3. _____

인간관계

1. _____
2. _____
3. _____

건강

1. _____
2. _____
3. _____

핵심 가치

1. _____
2. _____
3. _____

자신이 선택한 가치가 마음에 든다면 모든 수단을 동원해 이를 암기하고 자신의 참모습이라는 옷감에 한 땀 한 땀 새겨라. 제대로 선택했다면 당신의 가치는 이미 당신의 일부가 되었을 것이다(지금껏 그랬을 것이다). 하지만 그것에 만족하면 안 된다. 더 나아가 그것을 당신을 인도하는 힘으로 삼아라. 마음속 깊이 새겨서 그것을 토대로 삶을 살아갈 수밖에 없도록 만들어라. 명심하라. 자신의 가치관을 인식하고 이를 기준으로 살고 있다고 생각할 때 자신에게 꼭 맞는 삶, 즉 중요한 것을 위한 공간이 존재하는 삶을 살 수 있다. 다음은 이 과정에 도움이 될 여섯 가지 과제다.

- 일기나 블로그, 인스타그램 등 당신의 삶을 기록하고 싶은 곳이면 어디에든 핵심 가치와 그것이 당신에게 어떤 의미인지 적는다.
- 매일 일기를 적기에 앞서 가장 윗줄에 핵심 가치를 적는다. 의식적으로 개념을 떠올려 무의식적인 정신에 새길 수 있으므로 반복은 매우 효과적인 도구다.
- 친구와 함께한다. 가치를 결정하는 과정은 물론이고 이를 실천하는 여정에 책임을 공유할 파트너가 있으면

큰 도움이 된다.

- 핵심 가치를 포스트잇에 적어서 욕실 거울이나 냉장고 문 혹은 컴퓨터 옆 등 눈에 띄는 곳에 붙여둔다.
- 당신의 가치관에 대해 수시로 이야기한다. 가치관에 어울리지 않는 결정을 내렸을 때와 그때의 느낌, 그리고 가치를 실현하는 방식으로 결정을 내렸을 때의 경험을 공유한다.

일상생활에서 우리는 대개 습관적으로, 관성적으로, 혹은 순응하기 위해 아니면 무언가를 두려워하는 마음으로 결정을 내린다. 하지만 자신의 가치관을 인식하면 (그리고 끊임없이 되새기면) 한 걸음 물러나 더욱 완벽한 그림을 볼 수 있다. 그렇게 되면 무의식적으로 살기보다는 목적의식을 가지고 살아야 한다는 사실을 떠올리게 된다. 가장 중요한 것에 에너지를 쏟으며 덜 중요한 것들은 뒷전으로 밀려나게 내버려둬라. 죄책감은 느끼지 마라. 이건 가장 후회 없는 선택의 기준이다.

앞으로 나아갈 때 자신의 가치관을 거듭 돌아보라. 이것은 1장에서 당신이 정리하기로 계획한 다른 잡동사니처럼 버려져서 뇌리에서 잊힐 일회성 과제가 아니다. 나는 여러분이 되도록 자주, 그리고 삶의 갈림길에 이르러 방향을 결정해야 할 때마다 다음의 방법을 쓰기를 바란다.

중요한 선택 앞에서
반드시 고려해야 하는 것

미니멀리스트의 사고방식은 중요한 결정을 앞두고 있을 때 특히 유용하다. 내 형제자매가 나의 입장이라면 어떻게 할까, 아니면 내가 내린 결정을 듣고 다른 사람들이 어떻게 반응할까를 고민하며 시간을 낭비할 필요가 없다. 정신을 산만하게 만드는 온갖 목소리를 뚫고 지나가 가장 중요한 목소리, 즉 자신의 목소리에 귀를 기울일 수 있다.

한 걸음 물러나 심호흡하라

더 이상 외부의 기준에 휘둘리며 살고 싶지 않다면 무엇이든 결정을 내리기 전에 한 걸음 물러나 심호흡하는 연습을 하라. 새 자동차를 구입해야 할까? 아니면 지금 자동차를 한 해 더 몰아야 할까? 이번 승진을 신청해야 할까? 아이를 학원에 더 보내야 할까? 상황이 허용할 때마다 자신에게 멈춤이라는 선물을 선사하라. 각 선택이 여러분의 가치관과 조화를 이루는지 생각할 시간을 가진다면 최선의 결정을 내릴 가능성이 높아질 것이다.

새로운 환경에서 결정하라

마지막으로 등산을 가거나 끝없이 펼쳐진 바다를 바라본 적이 언제였던가?

남편과 나는 로키산맥 기슭에 위치한 대학에 다녔다. 휴식이나 새로운 시각이 필요할 때면 우리는 숨 막히는 절경이 보일 때까지 걷거나 차를 몰았다. 언젠가 결혼하자는 이야기를 처음 나누었던 때도 산에 올라 도시의 불빛들을 내려다보던 황혼 녘이었다. 흙투성이 신발을 신고 물병을 손에 든 채 처음으로 함께 다음 학기보다 더 먼 미래를 그렸던 것도 그곳이었다. 이후 우리는 대학원부터 첫 직장, 그리고 가정을 꾸릴 시기에 이르기까지 중요한 결정을 앞두고서는 언제나 그곳을 찾았다. 혼자든 둘이서든 언제나 그곳의 시점이 선사하는 조망에 의지했고, 그렇게 스트레스를 해소했다. 힘들고 지친 일상이 물리적으로 우리 발아래에 있다는 사실이 자기 자신(그리고 우리의 미래)을 더 확실히 볼 수 있게 만들었다.

몇 년 뒤 광활한 옥수수 밭에 둘러싸인 중서부에 살게 되었을 때 알았다. 더 이상 우리는 산에 올라 우리의 문제가 몇 킬로미터 아래에 있다고 느낄 수 없었다. 하지만 그때 삶을 새로운 시각으로 바라보기 위해 꼭 산꼭대기에 올라야 하는 것은 아니라는 사실을 배웠다. 주말에 새로운 도시를 돌아보거나 자동차를 몰고 아름다운 옥수수 밭을 가로지르거나 아니면 거리 끝에 있는 공원까지 산책하는 것만으로도 충분했다. 주변 환경을 바꾸는 것은 새로운 시각을 얻고 자신의 가치관을 반영하는 결정을 내릴 수 있는 가장 빠른 지름길이다.

자신의 가치관으로 돌아가라

선택 앞에서 망설여질 때마다 자신에게 가장 중요한 가치를 떠올리자. 명확하게 결정을 내릴 수 없을 때 유용한 방법이다. 이를테면 어떤 선택의 옳고 그름을 구분할 수 없고 좋은 선택, 더 좋은 선택, 그리고 가장 좋은 선택이 있는 경우에 특히 쓸 만하다.

가령 올해 예상치 못한 휴가 보너스를 받았는데 그 돈을 저축할지, 여행 경비로 쓸지, 아니면 자동차 할부나 주택 융자 같은 빚을 갚을지를 결정해야 하는 상황이라고 하자. 물론 모두 훌륭한 선택지이지만 여기에 도사리고 있는 함정은 모든 선택지가 매력적이기에 우리를 심각한 분석 마비에 빠트린다는 점이다. 바로 이런 순간에 자신만의 가치관으로 돌아가면 매우 효과적이다. 당신의 가치관을 고려한다면 이 가운데 한 가지는 분명히 당신에게 가장 적합할 것이다. 더 좋은 것, 다시 말해 마음속 깊숙이 간직한 자신의 가치와 꼭 맞는 것을 선택하기 위해 겉으로 보기에 매력적인 것을 포기했다는 사실을 인식하면 마음이 편안해지고 자신감이 쌓일 것이다.

질문을 던져라

무언가를 구입하거나 고등학교 앨범을 버리는 일처럼 사소한 일, 가정을 꾸리거나 먼 지방으로 이사하는 일처럼 중요한 일을 고민할 때 스스로에게 다음과 같은 질문을 던져 명확한 답을 찾아라.

이것 때문에 더 행복해질 수 있을까?
이것이 내 가치관에 어울리는가?

파격적인 입사 제의를
거절한 이유

마음속 깊은 곳에서 불편함을 처음 의식하고 몇 주가 지난 어느 토요일 아침, 잠에서 깬 로렌은 자동차 뒤에다 자전거를 묶고 좋아하는 자전거 도로를 향해 미시건 호로 떠났다. 자전거에 올라탄 로렌은 얼마 못 가서 숨이 찼지만 (자전거 페달에 발을 얹은 것이 한참 만이었다) 가슴이 타는 것 같은 느낌을 즐겼다. 살아 있음이 느껴졌다. 하루에 열 시간씩 컴퓨터 앞에 앉아 몇 달을 보낸 터라 살아 있음을 다시금 느끼고 싶었다.

최근 그녀는 한 그래픽 디자인 회사로부터 스카우트 제안을 받았다. 보수는 훌륭했고 회사는 업계에서 평판이 매우 좋은 이름난 회사였다. 5년 만에 처음으로 안정적인 벌이를 할 수 있는 기회였다. 하지만 그 회사의 기업 문화는 혹독했다. 로렌이 예상하기로 그 회사는 분명 자신에게 큰 성과를 기대할 것이었다. 따라서 이 제안을 수락한다면 아침 요가 수업이나 고향집을 방문하는 것은 고사하고 규모가 작은 고객들을 위해서는 시간을 전혀 낼 수 없었다.

로렌은 길에서 벗어나면서 페달을 돌리던 발을 천천히 멈췄다. 그리고 숨을 고르며 호수의 전경을 바라보았다. 그녀는 배낭에서 작은 공책을 꺼내어 자신이 인생에서 가장 간절하게 원하는 것들을 재빨리 적었다. 당연히 이력서에 적을 일류 회사의 이름은 여기에 속하지 않았다. 노트북을 들여다보며 너무 오랜 시간 일하는 바람에 쑤시는 어깨와 퀭한 눈도 건강해지기를 적었다.

경제적 독립은 어떨까? 물론 적었다. 직접 일정을 정하고 그녀가 즐기는 창의적인 업무를 수행할 수 있는 능력? 적었다. 몸을 움직이고 신선한 공기를 마실 시간? 두 말할 필요도 없었다. 가장 중요한 것은 가족이나 친구들과 지낼 수 있는 시간(그리고 어쩌면 다시 데이트를 시작할 시간)이었다.

몇 달 전이라면 입사 기회를 덥석 붙잡았겠지만 이제 삶에 대한 비전이 더욱 명확해졌다. 그래서 공책을 다시 집어넣을 때 그녀는 제안받은 자리가 자신의 비전에 어울리지 않는다는 사실을 깨달았다. 로렌은 (다른 사람들이 소중하게 여기거나 소중하게 여겨야 한다고 생각하는 것이 아니라) 자신이 진정으로 소중하게 여기는 것을 인식할 때 중요한 결정을 내릴 수 있다는 사실을 배우는 중이었다.

사람들이 통상 미니멀리즘이라고 생각하는 것, 즉 잡동사니 정리하기, 필요한 것만 소유하기 같은 것들은 이 과정의 일부분에 지나지 않는다. 진정한 미니멀리스트의 방식이란 로렌이 그랬듯이 일상적인 선택에도 자신이 진정으로 소망하는 것을 위한 공간을 마련하는 것을 의미한다.

3장

정말 필요한 물건과
좋아하는 것만 남은 공간

:집의 변화

자신의 가치 나무를 다시 살펴보고 '집' 영역의 핵심 가치를 아래 빈칸에 적어라. 3장의 전략을 실천할 때 지침으로 삼아야 할 가치들이다.

1. _____

2. _____

3. _____

다음 질문에 대답해보자.

- 집에서 어떤 기분을 느끼고 싶은가?
- 집에 대해 어떤 비전을 품고 있는가?
- 당신이 원하는 집의 모습을 실현할 수 없도록 가로막는 것은 무엇인가?

••••

미니멀리스트의 집에는
아무것도 없어야 한다는 오해

신혼 시절에 대학을 졸업하고 남편의 석사 과정을 위해
동쪽으로 떠났다. 그때 남편과 나는 미니멀리즘이 무엇
인지도 몰랐지만 우리는 최소한의 물건만 가져가기로 합
의를 보았다. 우리의 소형 은색 토요타 코롤라에 실을 수
있는 물건만 챙기기로 결정했다. 평상복부터 신발, 겨울
코트에 이르기까지 옷장을 가득 채웠던 옷과 잡화들을
플라스틱 수납 상자 하나에 들어갈 양으로 줄였다. 필수
적인 가구들은 대여해 쓰기로 했고, 정말 필요한 물건들
만 사기로 했다. 서부로 돌아올 때 그간 구입한 물건들
을 또다시 작은 코롤라에 실어야 할 것임을 알았기 때문

이다.

학자금 융자를 받아서 이사 비용을 대거나 돈을 좀 들여 새 가구를 구입할 수도 있었다. 하지만 돈은 핵심이 아니었다(적어도 전적으로 그렇지는 않았다). 우리에게 중요한 것은 해방감이었다. 나를 얽어매는 과거에서 벗어나 홀가분한 마음으로 나라의 반대편에서 인생의 새로운 장을 시작하고 싶었다. 날아갈듯 가벼운 기분은 1년간 사라지지 않았으며 그때의 경험은 5인 가족이 된 지금 우리 가족의 단순한 생활 방식을 위한 초석이 되었다.

물리적인 소유물의 무게감이 당신의 가슴을 짓누를 때가 있는지 궁금하다. 사람에 따라 가슴이 아니라 어깨나 허리로 느낄 수도 있다. 소유한 것이 너무 많다고 느낄 때면 나는 가슴, 그러니까 심장 바로 윗부분에서 묵직함을 느낀다. 숨을 깊게 쉬거나 자유롭게 움직이지 못한다. 그런데 감사하게도 내가 물건을 없앨 때마다 그 무게가 가벼워진다. 실천하기가 항상 쉬운 것은 아닐지언정 항상 해결책을 찾기는 한다.

물건을 기부하거나 누군가에게 물려줄 때마다 무게가 약간 덜어지는 느낌을 (최대한 구체적으로) 상상해보자. 그리고 지금 상상한 이미지를 집을 정리할 때마다 마음에 새겨라. 물건을 떠나보낼 때마다 더 가볍고, 더 자유롭고, 더 순수한 모습의 자신에게 가까워질 것이다.

그런데 미니멀리스트의 집을 상상하면 다들 머릿속에 비슷한 그림을 그리는 것 같다. 무늬 없는 흰색 벽지에 가구 한두 개만 남아 있는 휑한 방. 물론 그런 모습을 지향할 수도 있겠지만, 내가 거듭해서 강조하는 것은 누구나 자기만의 미니멀리즘을 해야 한다는 것이다. 자신이 중요하게 생각하는 것을 잊은 채 깔끔한 방만을 목표로 하면 금세 지치고 포기하게 된다. 한 가지 모습을 일방적으로 좇기보다는 자신의 방식으로 변화를 도모해야 한다.

나도 내가 원하는 모습의 집으로 바꾸기 위해 꾸준히 노력했다. 아무렇게나 벗어놓은 옷 더미나 냉장고 안에서 썩어가는 식재료를 보면서 스트레스를 받고 싶지 않았다. 밖에 있다가 집에 돌아왔을 때 긴장을 풀고 마음 놓고 쉴 수 있는 편안한 공간으로 만들고 싶었다. 그러기 위해서는 가만히 두면 끊임없이 증식하는 물건들에 손을 대야 했다. 3장에서는 내가 꿈꾸는 집의 모습을 위해 물건을 어떻게 처분했는지에 대한 노하우와 여러 방법들이 알아서 잘 굴러갈 수 있도록 만든 시스템을 소개한다.

정리에는 소질이 필요 없다

이 과정을 시작할 때 한 가지 원칙을 명심했으면 한다. 문제는 정리가 아니라 물건이 너무 많다는 사실이다. "난 정리에는 소질이 없어."라며 변화를 포기하는 사람이 많다. 하지만 정리를 잘하고 못하고는 중요하지 않다. 문제는 이보다 근본적인 데 있기 때문이다. 지금보다 더 자주 정리할 필요는 없다. 물건을 덜 소유해야 한다. 가진 물건이 너무 많지 않을 때 정리하기가 훨씬 더 쉽다! 그리고 가진 물건이 너무 많지 않을 때 물건을 찾기가 훨씬 더 쉽다! 가장 필수적인 첫 번째 단계는 그저 소유하고 있는 물건을 줄이는 것이다.

지금쯤이면 여러분은 십중팔구 잡동사니가 미치는 영향을 정확하게 깨달았을 것이다. 그리고 짐작건대 변화해야겠다는 동기를 부여받았을 것이다. 그렇다면 이제 문제는 어디에서 시작하며 무슨 일을 해야 하느냐다.

작은 시작, 큰 만족감

집 안을 돌아다니며 정리가 필요한 모든 구석과 서랍, 옷장을 살피다 보면 지레 겁을 먹고 포기할 가능성이 높아진다. 작게 시작하라. 부엌 찬장 하나, 옷장의 서랍 하나, 욕실 세면대 아래의 수납장 등 지금 당장이라도 정리할 수 있는(그리고 그 상태를 유지할 수 있는) 작은 공간을 선택하라.

정기적으로 사용하지 않는 물건은 모조리 없애고 정기적으로 사용하는 물건이라면 깔끔하게 정돈해서 그 상태를 유지하겠다고 마음먹자. 앞으로 서랍이나 수납장을 열 때마다 느껴지는 만족감에 주목해보자. 기운이 날 것이다. 나도 할 수 있다는 생각이 들 것이다. 나머지 서랍들도 차례차례 정리하고 싶다는 의욕이 생길 것이다. 물건을 버리고 정리하는 데 능숙하지 않은 사람이라면, 작은 영역 하나부터 시작해 그것이 선사하는 해방감과 만족감을 먼저 느껴보는 것이 중요하다. 작은 성취가 모이면 큰 성취로 이어진다.

딱 10분의 효과

한 영역을 정리할 때 시간을 정해둔다. 그 시간은 딱 10분이다. 10분간 타이머를 맞추고 알람이 울리면 일이 끝났다고 생각하라(죄책감은 느끼지 말 것). 혹여 계속하고 싶은 마음이 든다면 다시 10분간 타이머를 맞추어라. 하지만 타이머가 울리면 정리가 마무리되지 않았더라도 과감하게 그만둘 수 있다는 사실을 명심하자. 단, 10분 안에 거둘 수 있는 성과를 돌아보고 밀려드는 성취감과 점점 커지는 자신감을 느껴라. 아무리 큰 퍼즐의 조각이라도 한번에 하나씩 맞추어야 한다.

유혹을 이기는 방법, 쓰레기봉투

손에 쓰레기봉투를 들고 집 안을 청소하며 봉투가 얼마나 빨리 채워지는지 지켜보자. (한 독자는 내게 쓰레기봉투 하나를 가득 채우는 데 걸린 최단 시간이 45초였다고 말했다!) 쓰레기봉투의 행선지가 정말로 쓰레기통이 될지, 아니면 재활용 수거함이나 기부 센터가 될지는 봉투를 가득 채운 이후에 선택하면 된다.

이 과정을 수행하는 이유는 이미 버리기로 한 잡동사니를 다시 간직하고 싶은 유혹에 빠지지 않기 위해서다. 물건들의 행선지를 분류하기 위해 고민하지 말고 일단 쓰레기봉투에 쓸어 담아라. 사소한 방법이지만 버리고 정리하는 데 확실한 도움이 된다.

습관은 관찰해야 지속된다

연구에 따르면 습관을 관찰하면 더 큰 성공을 거둘 수 있다. 예컨대 하버드 경영대학원이 서벵골 주의 2,943가구를 대상으로 연구를 실시한 결과 비누를 쓰는 습관을 관찰하라는 지시를 받은 가족이 손을 씻을 때 비누를 쓸 가능성이 23퍼센트 더 높은 것으로 나타났다.

이와 마찬가지로 매일 자신이 먹는 음식을 적어놓는 사람은 그렇지 않은 사람에 비해 장기적으로 볼 때 체중을 더 많이 감량한다. 스마트폰 앱을 이용해 매일 명상하는 사람은 연속해서 명상한 일수가 증가하는 것을 볼 수 있으며 덕분에 계속 명상할 수 있는 동기를 부여받는다. 이 책을 쓰는 동안 나는 매일 쓴 단어 수를 달력에 적었는데 조금씩 발전하는 기록을 보면서 만족감과 동기부여를 얻었다.

잡동사니를 정리할 때 어떻게 하면 이 방법을 적용할 수 있을까? 총 30일 동안 매일 기부할 세 가지 물건을 찾아보겠다고 결심하고 달력에 그 과정을 체크해보자. 하루에 물건 하나씩을 버린다는 목표를 세우고 기록해보는 건 어떨까? 달력을 채워나가는 일수가 증가할수록 계속하고 싶은 마음은 더욱 커질 것이다.

너무 열심히 하지 않을 것

아주 흔하게 듣는 실패 사례가 있다. 잡동사니 정리를 시작했지만 너무 사력을 다해 열심히 하다 보니 얼마 못 가 다시 원점으로 돌아갔다는 이야기다. 일본의 유명한 미니멀리스트 곤도 마리에는 잡동사니를 치우고 정리할 때 한번에 최선을 다해 몰입하기를 권한다. 획기적으로 변화한 다음에 원점으로 돌아가지 않을 것이라고 자신할 수 있다면 그 방식은 나쁠 것이 전혀 없다. 하지만 일, 아이들, 건강 문제, 열의가 부족한 배우자 등 방해 요소가 다분한 삶을 살고 있는 보통 사람이 처음부터 정리에 너무 많은 에너지를 쏟는 것은 좋은 방법이 아니다. 꾸준함이 더 중요하다. 한번에 한 영역씩 정리하고, 그 상태를 유지하면서 자기만의 속도로 움직여라.

기부 박스의 놀라운 효과

옷장 한 칸이든 다용도실의 바구니든 간에 기부할 만한 물건을 보관하는 공식적인 공간을 만들고 가족들에게 위치를 알려라. 잘 쓰지는 않지만 다른 사람에게 더 도움이 될 수 있는 물건이 없을까? 기부하기에 딱 좋은 물건을 발견할 때마다 기뻐하라.

간단한 방법을 통해 물건 정리가 가족의 일상적인 활동으로 자리 잡는다는 사실에 매우 놀랄 것이다. 나는 내가 시키지도 않았는데 아이들이 한때 애지중지했던 장난감과 옷가지가 기부 선반에 놓여 있는 모습을 볼 때마다 놀란다. 그런 공간이 있고 없고가 큰 차이를 만들었다. 단순한 전략이 매우 효과적이다.

애정이 담긴 물건도 버릴 수 있다

미니멀 라이프를 시작하고 나서 필연적으로 부딪히는 어려움 가운데 하나가 애정이 담긴 물건을 버리는 일이다. 이럴 때는 딱히 추억이 담기지 않은 물건들, 예를 들어 부엌 집기, 잃어버렸을 때마다 사다 보니 여러 개가 되어버린 충전기 같은 것부터 버려보자. 그런 물건부터 시작하다 보면 자신감이 쌓인다. 중요성이 적은 물건을 버리는 경험이 쌓이면 더 중요하거나 애정이 담긴 물건 중에서 버릴 수 있는 것과 없는 것을 구분하는 법을 터득할 수 있다.

모든 물건에게 제자리를

잡동사니 정리의 목표는 집 안의 모든 물건을 놓을 장소를 지정하는 것이다. 물건을 어디에다 두어야 할지를 곧바로 알 수 있다는 것은 일상의 효율성을 아주 획기적으로 높여준다. 그동안 물건을 찾느라 낭비했던 시간은 당신이 훨씬 의미 있는 일을 할 수 있었던 시간이다.

또한 이 방법을 이용하면 집에 물건이 필요 이상으로 많다는 것을 확실하게 알 수 있다. 만약 집에 새 물건을 들일 때 마땅히 놓을 자리가 없다면 과연 그것이 필요한 물건인지부터 고민해야 한다. 이를테면 새 스웨터를 구입했는데 스웨터 더미가 이미 서랍 꼭대기까지 닿을 정도라면 그것은 새로 산 스웨터를 반품하거나 낡은 스웨터를 기부함에 넣으라는 신호다.

어린 시절 내가 엄마에게 일회용 밴드나 머리끈, 풀을 달라고 하면 엄마는 그것이 어디에 있는지 정확히 알았다. 이 기억이 떠오르면 언제나 감탄한다. 지금 나는 우리 집에서 엄마와 똑같은 역할을 하고 있다. 나는 우리 가족에게 정돈된 가정, 즉 바깥 세상과는 달리 안락하고 일관적이며 그리고 안정적인 장소를 제공하고 싶다.

하나가 들어오면 하나가 나간다

이 방법을 실천하는 사람이 꽤 많다. 그럴 만한 이유가 있다! 무언가를 집에 들일 때마다 다른 무언가를 내보내기. 간단한 규칙이다. 새 청바지를 사면 낡은 청바지를 내보낸다. 부엌칼을 사면 무뎌진 칼(혹은 다른 부엌 집기)을 내보낸다. 새로 나온 무선 청소기를 구매하기로 했다면, 제품을 집에 들이기 전에 오래된 청소기를 처분할 방법을 먼저 고민하라.

물건을 경계하라

이는 단순하지만 어려운 방법이며 그만큼 필수적인 전략이다. 구입하는 물건을 줄여라. 집 안에 들어오는 물건을 부단히 경계하고 또 경계하라. 그래야 진정으로 발전할 수 있다. 물건을 계속해서 들여올 거면 왜 그동안 물건을 고심해서 선별하고 버리고 정리했는가? 물건을 내보내기 위해 했던 노력이 수포로 돌아가지 않도록 하자. 나가는 것만큼 들어오는 것이 중요하다.

단순한 일상을 위한 실천 리스트

정리를 시작할 때 건드리기가 쉽지 않은 공간이 있다. 바로 옷장과 부엌이다. 손대기 엄두조차 나지 않지만 막상 정리를 끝내고 나면 가장 큰 보상이 따르는 공간이기도 하다. 어떻게 하면 쉽고 효율적으로, 심지어 재미있게 정리를 할 수 있을지 알아보자.

옷장 정리를 끝내는 세 가지 질문

옷가지를 정리할 때 나는 옷가지를 하나씩 들고 세 가지 간단한 질문을 떠올린다. 이 옷을 좋아하나? 몸에 잘 맞는가? 착용하는가? 하나씩 살펴보자.

좋아하는가? 이것은 가장 쉽게 답할 수 있는 질문이다. 직감적으로 확인할 수 있으니 말이다. 자신이 이것을 좋아하는지, 아니면 그럭저럭 괜찮은 정도인지는 대개 곧바로 안다. 좋아하지 않는 청바지를 입기에는 인생이 너무 짧다. 하지만 좋아하지 않는다고 해서 모조리 당장 다른 것으로 바꿀 만큼 우리가 항상 경제적으로 풍족한 것은 아니다. 그러니 장기적으로 생각하자. 예산이 허락할 때 서서히 새 물건을 추가하고, 좋아하지 않는 물건은 조금씩 기부하자.

몸에 잘 맞는가? 나는 오로지 할인하고 있다는 이유만

으로 몸에 대충만 맞으면 옷을 사곤 했다. 그러나 몸에 맞지 않는 옷에는 손이 덜 가기 마련이며 어쩌다 그 옷을 입더라도 기분이 날아갈듯 좋지는 않다. 몸에 잘 맞아야 한다. 아무리 좋아하는 옷이라도 몸에 맞지 않으면 십중팔구 입지 않을 것이다. 안타깝게도 옷 치수는 단순한 문제가 아니다. 삶의 여러 단계를 거치는 동안 옷 치수가 널뛰듯이 변하는 사람들이 많다. 건강상 문제나 임신, 혹은 다른 이유 때문에 몸무게가 변해서 당장은 맞지 않아도 옷을 보관해야 할 경우도 있을 것이다. 그럴 때는 당장 입지 않는 옷을 최대한 보이지 않는 곳에 보관해라. 나와 있는 품목이 적을수록 입을 옷을 결정하기가 더 쉬워진다. 의생활은 되도록 단순하게 만들어라.

착용하는가? 마지막으로 가장 중요한 기준은 실제로 그것을 착용하는지 여부다. 어떤 옷을 좋아하고 실제로 몸에 잘 맞는데 정작 입고 외출해본 적이 없을 수 있다. 최근 친한 친구가 어느 날 반나절을 투자해 옷장을 정리했다. 그러고는 이런저런 물건의 사진을 찍어 내게 문자를 보내면서 이것들을 어떻게 처리해야 할지 물었다. 나는 간단하고 일관적인 질문을 던졌다. "실제로 입는 거야?" 그럴 때마다 친구는 "아니, 그래도⋯⋯"로 시작하는 말로 대꾸했다.

"아니, 그래도 예쁘잖아! 꼭 가지고 있어야 해!"
"아니, 그래도 살이 빠지면 입을 수도 있어."
"아니, 그래도 언젠가 중요한 행사에 입고 갈 수도 있어."

확신컨대 친구가 꿈꾸는 목적을 달성할 옷은 거의 없을 것이다. 보관하는 옷이 너무 많으면 오늘 입을 옷을 고르기가 훨씬 어렵다. 실제로 입는 옷이 언젠가 입을지도 모를 옷 뒤에 가려져 있으니 말이다. 미니멀리스트는 옷장 앞에서 고민하는 시간에 가족과 함께 앉아 여유롭게 아침을 먹고, 고양이와 5분 더 놀아준다. 당신의 가치관과 더 어울리는 일을 할 수 있는 시간이 생기는 것이다. 옷장 정리하는 팁을 소개한다.

• 옷장에 있는 옷을 모조리 꺼낸다. 그러면 있는지도 몰랐던 옷을 어쩔 수 없이 다 확인하게 된다. 어떤 옷도 숨겨둘 수 없다. 텅 빈 옷장을 보면서 홀가분함을 느

낀다면 의욕이 솟아날 것이다. 그러면 옷장에 다시 넣을 물건을 심사숙고하게 된다. 방 한가운데에 바지와 코트, 액세서리가 한가득 쌓여 있는 옷 더미는 옷장 안에 들어 있을 때보다 그 양이 훨씬 많아 보인다. 이 옷 더미를 보면 사람들은 대부분 나에게 옷이 부족하다는 느낌을 떨치고 가진 것이 얼마나 많은지 실감하게 된다. 그러면 버리기가 한층 쉬워진다.

- 모든 옷을 손으로 집고 만지면서 그것을 좋아하는지, 몸에 맞는지, 그리고 실제로 착용하는지를 반드시 판단한다. 가장 좋아하는 것, 가장 자주 입는 것만 옷장에 다시 넣는다.

- 남기고 싶지 않은 옷가지는 친구나 가족에게 주거나 중고로 판매한다. 아니면 여성 보호소, 기부 센터, 다른 비영리 단체에 보낼 수도 있다.

- 하나가 들어오면 하나가 나간다는 규칙을 준수한다. 정리가 끝난 뒤에는 앞으로 무언가를 살 때마다 이 규칙에 따라 정리하라. 그러면 앞으로 이렇게 대대적인 옷장 정리는 필요하지 않을 것이다.

- 계절의 변화를 옷장 정리의 신호로 삼는다. 아무리 마음을 다잡아도 어쩔 수 없이 옷이 쌓일 수 있다. 포기

하지 말고 계절마다 옷장을 다시 한 번 점검한다.

- 쇼핑을 좋아하거나 (혹은 감정을 회피하기 위해 쇼핑하는 경향이 있거나) 옷장에 다시 넣고 싶은 옷이 너무 많다면 같은 지향점을 갖고 있는 파트너의 도움을 받는다. 친구를 설득해 함께 옷장을 정리하고 (친구와 함께라면 무슨 일이든 더 재미있다) 매월 말에 서로 점검해주기로 약속한다. 내가 아는 오랜 단짝 두 사람은 상대방의 옷장을 불시에 점검해 정돈된 상태를 유지하도록 돕는다.

부엌 정리 노하우

집에서 3년 동안 홈베이킹을 하지 않았는데 여전히 케이크 틀이 주방을 차지하고 있지 않은가? 주걱을 4개나 갖고 있으면서도 실제로 사용하는 주걱은 가장 좋아하는 1개 아닌가? 락앤락 용기는 총 13개인데 뚜껑은 24개를 보관하고 있을 수도 있다(살다 보면 설명할 수 없는 일도 일어난다). 부엌을 정리할 때 계속 던져야 하는 질문은 '실제로 사용하는 물건인가?'이다. '실제로'라는 말은 정기적으로, 혹은 자주 사용한다는 뜻이다. 주방에서 쓰는 물건들의 기발한 기능성에 혹하는 사람이 많다. 그 바람에 실제로 사용하는 것은 도마와 잘 드는 칼뿐인데도 자신도 모르는 사이에 갈릭 프레스, 레몬 착즙기, 사과 커팅기로 수납장이 가득 찬다.

부엌에 있는 물건 중에는 특별한 행사에 접대용으로 쓰이는 것들이 많다. 따라서 이런 물건들을 평가할 때는 가정에 대한 자신의 가치관을 다시금 확인하면 효과적일 것이다. 예컨대 가족이 4명인데 1년에 몇 차례씩 대가족이 모이는 만찬이나 친구들을 초대하는 파티를 연다고 하자. 그래서 당신은 서빙 플래터와 고급 치즈 나이프는 물론이고 12인용 식기와 유리 식기를 구비하고 있다.

당신의 가치관에서 사랑하는 사람들과의 모임이 우선순위인가? 아니면 접대보다 단순함과 사용의 용이함을 중요하게 생각하는가? 어느 편으로 기우는가에 따라 소유하는 물건이 많거나 적어질 것이다. 소유한 물건이 적은 경우라면 1년에 몇 번 손님을 초대할 때마다 필요한 물건을 빌릴 수 있다. 그리고 접대를 우선시하는 경우라 해도(그래도 문제될 것이 전혀 없다) 필요할 거라고 생각하는 양보다 적게 소유할 것을 권한다. 대개 그 정도면 충분하다.

구입하는 식품과 보관하는 식재료에도 똑같은 원칙을 적용한다. 나는 괜찮아 보이는 요리법을 접하면 곧바로 만들어보는 습관이 있었다. 그때마다 다른 요리에는 사용할 일이 없는 한두 가지 재료를 새로 구입해야 했다. 그러면 얼마 지나지 않아서 수납장과 냉장고의 상당 부분이 그다지 쓸모없는 재료들로 가득해진다.

미니멀 라이프를 추구하기 시작하면서는 만들어볼 만한 조리법을 매우 까다롭게 선택하는 습관이 생겼다. 또한 요리할 음식을 선택하기 전에 집에 이미 있는 재료를 확인하는 버릇이 생겼으며 원래 있던 재료들로 맛있는 음식을 만드는 재주가 좋아졌다. 이 두 가지 습관이 시간과 돈을 절약하는 데 도움이 된다. 덧붙이자면 신선한 재료와 몇 가지 기본적인 주요 식품으로 요리한 음식이 최고가 아니겠는가? 마구잡이로 조합한 양념 세트보다 고급 올리브유 한 병과 천일염 한 상자가 당신의 요리 실력을 더 길러줄 것이다.

냉장고를 정리할 최적의 시간은 장보러 가기(일주일에 한 번 장보는 사람이 많다) 직전이다. 짧은 시간에 냉장고를 정리하면 어떤 제품이 필요한지 확인하고 곧 사올 식품을 넣을 공간을 마련할 수 있다. 냉장고를 열어 한데 모을 수 있는 남은 음식이 있는지 훑어보고, 유통기한이 지난 것을 내다버리고, 구석구석을 재빨리 닦아라.

실온 식품을 보관하는 수납 공간은 가족 수에 따라 2주나 1개월에 한 번 정도 확인해주면 된다. 동네 시장이 아니라 대형 마트에서 대량으로 쇼핑을 할 예정이라면, 견과류, 곡류, 파스타, 통조림 등 부족한 주요 식품을 메모해 딱 부족한 만큼만 구매한다. 그리고 오랫동안 전혀 손대지 않는 식품도 체크하는 것이 좋다. 이런 습관을 기르면 가족이 실제로 먹는 식품과 구입하거나 보관할 가치가 없는 식품을 파악할 수 있으니 낭비하는 식품이 줄어든다.

보관의 기술

어린 시절 나는 해마다 크리스마스 장식품 상자를 꺼내서 집을 장식하는 날을 손꼽아 기다렸다. 가족이 모두 모여 알록달록한 장식물로 함께 크리스마스트리를 꾸미던 순간은 정말 따뜻한 추억으로 남아 있다. 핼러윈이면 우리는 집의 벽에다 거미줄과 호박등을 걸고 손수 만든 마녀와 드라큘라, 미라를 늘어놓았다. 나는 이 전통을 계속 지키고 싶었다. 해마다 다락방에서 꺼낸 상자를 열어 안에 담긴 보물들을 다시 발견할 때 내가 느꼈던 경이감을 나의 아이들이 똑같이 느끼게 해주고 싶었다.

소박한 삶을 설계하기 시작했을 때 나는 문득 이런 이벤트에 쓸 장식품들도 몇 가지만 있으면 충분하다는 생각이 들었다. 장식품의 개수가 줄어든다고 해서 특별한 날의 기쁨이 줄어들까? 아이들이 서운해할까?

우리 가족이 만든 전통을 시작하고 10년이 흐른 지금 나는 그것이면 충분했다고 말할 수 있다. 몇 개면 충분하다. 나는 장식품이 많지 않아도 특별한 날의 마법에 푹 빠질 수 있다는 사실을 알았다. 더 많은 것이 항상 더 좋은 것은 아니다. 때로는 그저 양만 많을 뿐이다.

이런 장식품을 수집하기 시작한 지 얼마 지나지 않았다면 신중하게 장식품을 선택하고 본능이 시키는 것보다 훨씬 더 적은 양을 구입하라. 정말 마음에 드는 것만 사서 소수의 컬렉션을 구성한다면 매년 꺼낼 때마다 진정한 기쁨을 느낄 수 있다.

반면 수집품이 이미 집 안의 넓은 공간을 차지하고 있다면 특별한 날이 올 때마다 조금씩 줄여라. 보관 장소에서 물품을 모두 꺼내어 하나씩 손으로 만지면서 (옷장을 정리할 때 했던 질문에 따라) 상태가 양호하고 가장 좋아하는 것만 보관한다.

　다용도실, 지하실, 다락방, 복도 벽장 같은 보관 장소는 필요한 물건에 대한 자신의 인식을 돌아보기에 제격인 곳이다. 먼지 쌓인 구석에 두 층으로 쌓아둔 세 개의 상자에 보관하고 있는 물건이 진짜 필요한 것일까? 보관하는 물건을 되도록 줄이기 위해 노력하자.

　자칫하면 물건을 벽장에 일단 밀어 넣고 나중에 처리하겠다고 생각하기 쉽다. 하지만 누구나 알다시피 바로 이런 식으로 잡동사니가 쌓인다. 그러니 보관하기 전에 충분히 생각하라.

- 질문을 해보자. 이 물건을 무한정 보관할 것인가? 아니면 훗날 필요할 때 다시 사거나 빌릴 것인가?
- 벽장과 수납장에 있는 잡다한 물건은 체계를 만들어 찾기 쉽도록 바구니나 작은 통에 담는다.
- 보관하기로 선택한 모든 물건에 찾기 쉽게 이름표를 붙인다.
- 어떤 종류의 물건이든 간에 한 개(때로는 여분 한 개)만

보관하는 것을 기본으로 한다. 그 이상은 금물이다(스마트폰 충전기가 네 개씩이나 필요하지는 않을 것이다!)

- 1년에 두 번씩 보관 장소를 모두 훑어보고 보관 중인 물품을 계속 보관할 것인지 치워버릴 것인지 고민한다. 쌓아두는 물건이 많을수록 이 작업을 뒤로 미루게 된다. 그러니 1년에 두 번 살피는 일을 게을리하지 마라.

머릿속을 비우는 종이 정리법

집 안 여기저기 흩어져 있는 종이들은 우리의 정신적 부담에 생각보다 지대한 영향을 미친다. 공간을 많이 차지하지 않다 보니 한 무더기씩 모아 두기 십상이다. 하지만 바로 버릴 수 없는 이유는 그런 종이 가운데 우리에게 필요한 정보가 있거나 일종의 행동을 요구하는 문서가 많기 때문이다. 그래서 이것들은 정리하기가 다른 물건 보다 훨씬 힘들다. 종이 무더기가 눈에 띌 때마다 이런 생각이 떠오를 수 있다. '미납한 공과금이 있나?' '아이 학교에 신청서를 언제까지 내야 하지?' '강의 신청 마감일을 넘겼나?' '지금 청첩장에 회신을 보내면 너무 늦었으려나?' 오늘 당장 집에 들어오는 종이 뭉치를 들고 아래의 방법을 적용하라. 그러면 이런 고민을 줄이고 머릿속에 많은 공간을 비울 수 있을 것이다.

1. 수신 차단이 답이다

첫 번째 단계는 집에 반드시 들여야 하는 종이와 그렇지 않은 종이를 구분하는 것이다. 일주일 동안 카탈로그, 쿠폰, 우편물로 들어오는 광고물을 모두 모은다. 결코 사용하지 않을 쿠폰 북, 단 한 번 쇼핑한 매장에서 보낸 카탈로그 등 받고 싶지 않은 우편물을 걸러낸다. 대부분의 광고 우편물에는 전화번호와 웹사이트가 적혀 있다. 딱 30분만 시간을 내어 온라인으로 차단하거나 전화를 걸어 그들의 목록에서 이름을 삭제해달라고 요청하라.

나는 이 작업이 일거양득이라고 생각한다. 우선 집에서 처리해야 할 종이가 줄어든다는 장점이 있고, 두 번째 장점은 쇼핑의 유혹이 줄어든다는 것이다. 정기적으로 카탈로그를 뒤적거릴 일이나 할인 정보가 우편함으로 발송될 일이 없으니 말이다. 낭비를 줄이는 아주 쉬운 방법이다. 1년에 두 번 이 작업을 수행해 본인의 구독 상태를 조정하라.

2. 받자마자 버리기

최대한 우편물을 차단한 후에도 십중팔구 원치 않는 우편물을 받게 될 것이다. 만약 집에 들어오는 길에 우편물을 손에 들었다면 그 즉시 재활용함에 넣어라. 현관을 통과하지 못한 우편물은 결코 쌓일 일이 없다.

3. 단순한 체계를 만들기

일단 집에 들어온 종이를 어떻게 분류하는지는 분류한다는 사실만큼 중요한 문제가 아니다. 우편물과 종이가 집에 들어오자마자 분류하는 것이 종이 잡동사니와 이에 따르는 정신적 부담을 방지하는 데 매우 중요하다. 들어오는 종이를 즉시 세 가지 종류로 나눌 것을 권한다. 분류 방법은 보관할 종이, 처리해야 할 종이, 개봉하지 않은 우편물이다.

우리 가족의 경우에는 대개 두 장소(우리 사무실과 부엌)에 종이가 모인다. 그래서 나는 이 두 곳에 세 종류의 종이를 놓을 개별 공간을 마련했다. 남편과 나는 우편물을 사무실로 가져가 즉시 적절한 범주로 분류한다. 아이들은 학교나 교회, 운동 모임이나 활동 단체에서 받아 오는 모든 종이를 부엌에서 똑같은 방식으로 분류한다.

4. 체계를 공유하라

주의를 기울여야 할 종이를 어디에 두어야 할지를 부모가 아이들에게 가르치는 것은 상당히 효과적이다. 그렇지 않으면 결국에는 아이들이 중요한 메시지가 담긴 종이를 엄마의 얼굴 앞에서 마구 흔들어대거나 아니면 그것이 아이들 가방의 보이지 않는 구석으로 자취를 감추어 다시는 나타나지 않는다. 처리 체계를 단순하게 만들면 모든 가족이 각자의 종이를 적절히 분류함으로써 그것이 집 안 여기저기 돌아다니거나 잡동사니(불필요한 스트레스의 원천)로 전락하는 일을 막을 수 있다.

물건을 못 버리는 사람은
꼭 이렇게 말한다

우리가 잡동사니를 통제할 전략으로 무장했다 해도 우리의 발목을 붙잡는 장애물이 있다. 바로 '만약'의 문제이다. '이걸 버렸다가 후회하면 어떡하지?' '나중에 이게 필요하면 어떡하지?' '가족들이 따라주지 않으면 어떡하지?' '부모님이 우리 집에 와서 자신이 선물한 장식품이 없는 걸 보면 어떡하지?' 물론 이런 문제에 쉽게 답을 찾지는 못하겠지만 바라건대 나의 조언이 당신의 시각을 바꾸어주어 궁극적으로 본인의 가치관과 비전에 더 어울리는 가정을 창조하는 데 도움이 되면 좋겠다.

언젠가 필요하면 어떡하지?

아직 쓸모가 있다고 생각되는 물건을 없애기는 쉽지 않다(심지어 어떤 사람에게는 고통스러울 수 있다). 이 질문을 다음과 같이 바꾸면 도움이 될 것이다.

'이 물건을 보관하는 편이 나을까? 아니면 나중에 이 물건이 필요해질 때 다시 사거나 지인에게 빌리거나 아니면 유료로 임대하는 편이 나을까?'

내 대답은 거의 항상 후자다. 정기적으로 사용하지 않는 물건을 보관하면, 그것을 다시 사는 잠재비용(아니면 친구에게 빌리는 단순한 노력)보다 더 큰 정신적·감정적 비용을 치른다. 예를 들면 나는 우리 아이들이 유아기가 지났음에도 불구하고 아기 침대를 계속 보관하고 싶은 유혹을 느꼈다. 내 동생이 우리 집에 아기를 데리고 와서 하룻밤을 지낼 경우에 꼭 필요할 것 같았기 때문이다. 하지만 결국 아기 침대를 버리고 동생이 방문할 때는 친구에게 빌리기로 결정했다. 이후 몇 년 동안 아기 침대가 필요했던 적은 단 두 번이었고 빌리기도 어렵지 않았다. 이 거추장스러운 물건을 몇 년간 보관하지 않았고 문제를 해결하기도 그리 힘들지 않았으니 탁월한 결정이었다.

물건을 보관할 때 드는 실제 비용을 평가한 다음에도 고민이 되는 물건이 있다면 상자에 담아서 보이지 않는 곳에 두어라. 단, 6개월이든 1년이든 보관 기간을 미리 정해서 상자가 다용도실의 어두컴컴한 구석에 영원히 놓여 있지 않도록 해야 한다. 정해둔 날짜는 달력에 표시한다. 그 기간 동안 상자에 담은 물건이 단 한 번도 필요하지 않았다면 그 물건이 어디로 가야 할지는 당신이 더 잘 알 것이다(열어보지 않는다면 보너스 점수를 주겠다!).

옷가지에도 비슷한 전략을 사용할 수 있다. 하나씩 훑어보고 좋아하지 않거나 몸에 맞지 않거나 실제로 입지 않는 옷을 골라낸 다음에도 결정을 내리지 못한 옷이 무더기로 남을 수 있다. 그런 옷은 옷걸이에 걸되 옷장의 다른 옷걸이들과 반대 방향으로 돌려 두어라. 언젠가 그 옷을 입는 날 옷걸이를 나머지와 같은 방향으로 돌릴 수 있다. 하지만 미리 정한 기간(나는 두 달을 권한다) 동안 그 옷을 입은 적이 없어서 옷걸이가 여전히 거꾸로 걸려 있다면 처분하라.

망가지면 어떡하지?

나는 가장 아끼는 물건이라고 해서 상자에 고이 보관하며 애지중지해야 한다고 생각하지 않는다. 할머니가 물려준 아름다운 그릇 세트가 있다면 끼니때마다 꺼내어 손으로 만지고 음식을 올려놓으며 할머니를 생각하는 편이 낫지 않을까?

선물로 받은 것이라 각별한 의미가 있는 물건이라도 사실 당신의 자녀나 손자에게는 그만큼의 의미가 없다. 불편하지만 진실이다. 선물을 해준 사람과 당신만큼 소중한 추억이 없어서 그렇다. 나는 소중한 유품을 사용할 수 있을 때 사용하라고 조언하고 싶다. 설령 깨트린다고 하더라도 만지고 사용하며 그 가치를 경험했다는 사실이 더 중요하다. 사용하지 않는다면 근사한 물건을 산들 무슨 의미가 있겠는가?

집의 인테리어와 전혀 어울리지 않는 꽃병처럼 도저히 사용할 수 없는 유품이라면 새 집을 찾아주어도 괜찮다. 무한정 보관하는 것보다는 실제로 사용하면서 즐기고 가치를 높이 평가할 누군가(어쩌면 다른 가족이라도)에게 주는 편이 더 낫다.

추억이 많은데 어떻게 버려?

미니멀리즘을 향한 여정에서 애정이 담긴 물건을 처분해야 할 때만큼 당신의 가치관을 돌아보는 것이 반드시 필요한 순간은 없을 것이다. 본인의 삶과 가정에 대한 비전을 되새기면 이 어려운 결정이 조금은 쉬워진다. 어떤 물건이 비전에 도움이 되는지 아니면 비전을 손상시키는지 생각해볼 수 있으니 말이다.

애정이 담긴 물건을 정리할 때면 나는 물건을 없앤다고 해서 추억이나 감정이 없어지는 것이 아님을 되새긴다. 기분 좋은 추억은 마음속에 그것을 간직하는 한 사라지지 않는다! 게다가 원할 때마다 추억을 소환할 수 있다. 물건이 있어야만 추억할 수 있는 것은 아니다. 처분하기 전에 물건의 사진을 찍어두면 추억을 간직하는 데 도움이 될 것이다. 내 온라인 커뮤니티의 멤버인 바버라는 이 걸림돌에 대한 자신의 멋진 견해를 공유했다.

"나는 뒤를 돌아보기보다는 앞을 내다보고 내 앞에 있는 것을 보고 싶습니다. 좋은 시절이 이미 지나갔다고 생각하고 싶지 않아요. 이따금 애정이 담긴 물건이 내게는 가능성을 보지 못하게 가로막는 벽처럼 느껴집니다."

나는 중요하지 않은 결정을 내리고
결국은 중요하지 않을 물건을 사느라
얼마나 많은 시간을 허비하는지 깨달았다.

왜 같이 하지 않는 거지?

삶의 매우 중요한 한 가지 교훈은 다른 사람을 통제할 수 없다는 사실이다. 우리가 통제할 수 있는 사람은 자기 자신뿐이다. 그런데 우리는 이 교훈을 자주 잊는다. 나의 친구, 룸메이트, 아이, 배우자가 한 가지만 바꾸면 만사가 더 나아지리라고 생각하는 것이다. 나 또한 다른 사람들 못지않게 이 함정에 많이 빠진다.

미니멀 라이프를 추구할 때에도 이 원칙이 적용된다. 주변 사람이 나와 같은 길을 선택하도록 만들 수는 없다. 하지만 희소식을 전하자면 당신은 당신에게 중요한 누군가가 어떤 방식으로 살고 싶어 하든, 미니멀리즘에 따라오는 정신적 자유를 경험할 것이다. 다른 사람이 동참하지 않는다고 해서 속을 끓일 필요가 전혀 없다. 기대를 접고 자기만의 길로 나아가기를 선택할 수 있다.

초기에는 다른 사람의 소유물(혹은 그들이 잡동사니 정리의 여정을 시작하고 싶어 하지 않는다는 사실)에 되도록 이면 신경 쓰지 마라. 대신 자신의 잡동사니를 줄이는 일에 에너지를 집중하라. 그리고 소유물을 덜어낼 때 따르는 자유로움과 기쁨을 실감하라. 적어도 직접 모범을 보일 수는 있다. 어떤 일이 일어날지 알 수 없다. 사랑하는 사람이 더 가벼워지고 자유로워진 당신의 모습에 감동을 받고 동참하기로 결심할지도 모를 일이다. 하지만 언젠가 그런 날이 오기만을 기다린다면 그 기대감이 당신을 행복에서 멀어지도록 만들 것이다. 그러니 최선을 다해, 당신이 갈 길을 주시하라.

집에는 특별한 힘이 있다

이것 또한 빠지기 쉬운 함정인데, 자칫하면 세부적인 요소에만 집착하기 쉽다는 것이다. 우편물 정리에 이용하고 싶은 정확한 시스템, 보관하고 싶은 부엌 집기의 정확한 수, 옷장에 있는 모든 물건의 품질 같은 것들 말이다. 하지만 내가 관찰한 바에 따르면 사람들이 세부적인 요소에 지나치게 매달릴 때는 열의가 식거나 원래 상태로 돌아가거나 아니면 심지어 미니멀리즘을 아예 포기하고 싶을 때다.

세부적인 요소와 당신이 지침으로 삼는 가치관이나 비전의 균형을 맞추어야 한다. 집에서 어떤 기분을 느끼고 싶은지 그리고 집이 자신의 참모습을 어떤 식으로 보여주는지를 계속 되새겨라. 집은 우리가 원하는 삶을 가장 뚜렷하게 보여준다. 모험과 재미의 삶을 원하든 아니면 전통과 안정의 삶을 원하든 간에 집은 연출 무대. 만일 집이 당신의 가치관을 구현한다면 당신은 이에 어울리는 삶을 창조할 것이다. 그것이 집의 힘이다.

4장

짧은 시간에
최소한의 에너지로 일하는 방법

:업무 효율의 변화

자신의 가치 나무를 다시 살펴보고 '업무' 영역의 핵심 가치를 아래 빈칸에 적어라. 4장의 전략을 실천할 때 지침으로 삼아야 할 가치들이다.

1. _____
2. _____
3. _____

다음 질문에 대답해보자.

- 직장에서 어떤 기분을 느끼고 싶은가?
- 본인의 소명이라고 느껴지는 일을 하고 있는가?
- 경력에 대해 어떤 비전을 품고 있는가?
- 일을 할 때 당신이 원하는 기분을 느끼지 못하도록 가로막고 있는 것은 무엇인가?

• • • •

미니멀리스트는 어떻게 일할까

캘리포니아주 산타클라라에 거주하는 재니는 항상 하고 싶은 일이 있었다. 그녀는 생화학을 공부하기 위해 대학원에 진학했고 희귀질환을 연구해 사람들의 삶에 영향을 미치는 직업을 가질 계획이었다. 하지만 2009년 대학원을 졸업한 이후 고용 시장의 현실은 차가웠고, 그녀는 원하는 연구를 할 수 있는 직업을 구할 길이 요원하다는 사실을 깨달았다. 결국 재니가 구한 일자리는 오랫동안 꿈꿔왔던 일과는 거리가 멀었다. 하지만 그 직장에서도 재니는 천천히 본인의 관심사를 좇았고 맡은 역할 내에서 자신의 장점을 십분 발휘했다. 얼마 지나지 않아 재니는 자신을 즐겁게 만드는 일은 사실 '특정한 분야의 문제'와는 상관이 없다는 사실을 깨달았다. 자신이 즐겁게 잘할 수 있는 일은 '문제를 해결하는 일' 그 자체였다.

"업무 중에 어려움에 봉착한 동료들에게 틀에 박히지 않은 해결책을 제시하려고 노력했습니다. 덕분에 우리 부서에 새로운 시설을 제안하고 설립해 운영하는 성과를 거둘 수 있었죠. 제가 한 일은 기본적으로 내가 관심 있었던 일을 창조하고 상사에게 그 일이 가치가 있다고 설득한 것이었습니다."

재니는 오랫동안 품었던 꿈을 이뤄야 행복할 수 있다는 생각에 집착하기보다는 자신의 호기심에서 만족을 찾았다. 언뜻 보면 재니가 선택한 진로는 미니멀리즘과 그리 관계가 없어 보일 수 있지만 사실은 밀접한 관계가 있다. 원하던 직장에 들어가게 되는 이상적인 상황은 아니었으나 그녀는 마음속 깊이 자리한 가치관을 토대로 스스로 경력을 창조했다. 즉 주변의 문제를 포착해 해결책을 찾는 일에 대한 타고난 호기심과 열정을 발휘한 것이다.

누구나 직장 생활에 이와 똑같은 지향성을 적용할 수 있다. 개개인이 처한 상황은 조금씩 다르겠지만 누구든 자신의 가치관과 일이 더 조화를 이루도록 작지만 중요한 발걸음을 내디딜 수 있다. 이것이 미니멀리스트가 일하는 방식이다.

복잡하고 불필요한 업무를 걷어내는 연습

장기전이라고 생각하자. 노력과 지향성이 요구되지만 궁극적으로는 시간과 고민을 크게 덜어주므로 중요한 일에 전념할 수 있는 공간이 생길 것이다. 원활하고 효율적으로 운영되는 시스템을 확립할 수 있다면 업무를 위한 물리적·정신적·감정적 공간을 더 많이 만들어낼 수 있다.

디지털 미니멀리즘

"내 뇌는 마치 인터넷 브라우저 같아요. 19개의 탭이 열려 있고 이 가운데 9개는 먹통이며 어디에서 음악이 흘러나오고 있는지 도통 알 수가 없죠."

인터넷에 떠다니는 이런 밈meme(인터넷상에 재미난 말을 적어 넣어서 다시 게시한 그림이나 사진—옮긴이)을 본 적이 있는가? 나는 이런 밈이 많은 사람의 경험을 대변하고 있다고 생각한다. 우리는 정신적 부담의 무게에 짓눌려

비틀거리고 있다. 그리고 한번에 너무 많은 '탭'을 열어놓으면 우선순위를 정하고 집중하며 최상의 컨디션으로 일하기 어렵다. 이 밈은 원래 은유로 쓸 의도였겠지만 문자 그대로의 의미로도 효과가 있다. 디지털 잡동사니를 정리하는 방법을 알아보자.

"목표를 높이지 마라. 시스템의 수준을 낮춰라."

—제임스 클리어James Clear(『아주 작은 습관의 힘』 저자)

- 열린 탭 가운데 절반은 닫아라! 하루 동안 내내 규칙적으로 이 전략을 실천해라. 한번에 탭을 네 개 이상 열어놓지 않는다는 개인적인 상한선을 정하라. 읽고 싶은 글을 발견했다면 지금 당장 읽지 말고 일단 저장해두어라. 기사나 블로그 게시물을 자신의 블로그 같은 공간에 저장했다가 나중에 시간이 날 때 읽으면 된다. 기본으로 돌아가 워드나 구글 문서를 만들고 나중에 다시 볼 링크를 모아놓을 수도 있다. (인터넷 브라우저의 즐겨찾기 기능이 도움이 되겠지만 오래된 즐겨찾기를 규칙적으로 삭제하지 않으면 결국 목록이 너무 길어

져서 찾기 어려울 것이다.) 어떤 방식을 선택하든 간에 핵심은 어머니가 우리 형제자매에게 가르친 원칙을 실천하는 것이다. 우리가 장난감 때문에 싸울 때마다 어머니는 장난감을 빼앗아 우리 손이 닿지 않을 만큼 높이 들고 진지한 말투로 이렇게 말했다. "눈에서 멀어지면 마음에서도 멀어지는 법이야!" 내가 이야기를 나누어본 사람들은 거의 예외 없이 디지털 잡동사니가 줄어드니 정신이 더 맑아진다고 대답했다.

- 컴퓨터의 바탕화면을 정기적으로 정리해 자주 사용하는 파일이나 폴더만 남겨둔다. 다른 파일들은 적절한 폴더를 만들어 저장한다. 찾기 쉽도록 각 문서에 명확한 제목을 붙인다.

- 폴더를 훑어보고 더 이상 필요하지 않은 문서나 이미지, 스크린샷을 휴지통으로 보낸다. 나는 매달 몇 분씩을 투자해 이 작업을 실시하려고 노력한다.

- 스마트폰이든 컴퓨터든 상관없이 앨범을 열고 최소한 이미지 12개를 선택해 삭제한다. 사진 잡동사니가 쌓이지 않도록 매주 이 작업을 실시한다. (어딘가에서 줄을 서 있을 때 하면 제격인 일이다.)

- 자주 열어보거나 나중에 참고하고 싶은 이미지를 담

을 사진 폴더를 따로 만든다. 스크린샷으로 정보를 보관하는 경우가 많지만 중요한 정보가 아이들이나 음식, 고양이 사진과 섞여 있으면 필요할 때 찾기가 거의 불가능하다. 앨범을 만들면 이런 문제를 쉽게 해결할 수 있다.

- 스마트폰에서 사용하지 않는 앱을 삭제하거나 폴더를 만들어 정리한다.

- 정기적으로 읽지 않는 뉴스레터와 홍보성 이메일을 차단한다. 모든 홍보성 이메일에는 하단에 '수신거부'라는 작은 글씨가 있다. 절차에 따라 차단하라. 원치 않는 메시지를 여는 즉시 '차단하기'를 누르는 습관을 길러라.

- 이메일을 읽고 삭제하거나 바로 분류함으로 보냄으로써 받은 메일함 옆의 숫자를 0으로 만들어라. 이메일에 제목을 달거나 폴더에 정리하면 특정한 프로젝트나 주제에 유용하게 활용할 수 있다. 하지만 우리의 목표는 되도록 이메일을 효율적으로 관리하는 것이니 제목을 너무 많이 달지 않도록 유의한다. 이메일 제공자의 검색 기능을 이용해 나중에 쉽게 참조할 수 있는 이메일이 많다.

- PC와 스마트폰의 새로운 메일 도착 알림을 끈다. 불필요한 알림은 방해 요소로, 집중력을 흐트린다.
- 이메일을 확인할 시간을 정한다. 정해진 시간에만 이메일을 확인하면 이메일이라는 방해 요소를 차단할 수 있다. 이 방식에 따르는 문제들이 걱정된다면 일시적인 자동응답을 설정해두거나 이메일 서명에 다음과 같은 문구를 추가한다. "저는 하루에 두 번 이메일을 확인합니다. 다음번 확인 시간에 당신의 이메일에 답장하도록 최선을 다하겠습니다."
- 메일을 쓸 때는 간결하게 핵심만 담아 작성하라. 장문의 내용이 필요하지 않은 이메일은 신속하게 답장을 보낸다. 이메일을 손 편지의 대용보다는 메시지 전송 서비스라고 생각하라. 경험한 바에 따르면 메일을 작성하는 데 15분 이상 걸린다면 전화를 거는 편이 낫다.
- 이메일 서비스의 '미리 준비된 답장' 기능을 이용해 동일한 답장을 위한 이메일 템플릿을 만들어라. 대체로 똑같은 방식으로 답장하는 이메일이 있다면 간단한 답장을 작성해놓고 필요할 때마다 선택해서 발송한다.

업무 공간에도 변화가 필요하다

눈에는 휴식이 필요하다. 그렇기 때문에 화가와 그래픽 디자이너들이 이른바 네거티브 스페이스Negative Space(건축, 조소, 회화에서 형상의 뚫린 공간이나 형상으로 둘러싸인 내부 공간—옮긴이)를 디자인에 포함시키고, 인테리어 디자이너가 일부 벽을 액자로 가득 채우기보다는 비워두는 것이다. 이와 같은 맥락에서 잡동사니는 정신에 자극을 쏟아부으며 감각을 쉴 틈 없이 깨어 있게 만든다. 업무 공간 미니멀리즘의 핵심은 가장 중요한 것에 주의를 집중하는 것이다. 이제 디지털 잡동사니를 줄였으니 물리적 잡동사니로 넘어가자. 눈이 휴식할 수 있는 여유를 주어라.

서류는 단순한 시스템에 맡겨라

집의 종이뭉치를 처리하는 원칙들은 사무실에도 똑같이 적용된다. 수신하는 모든 서류를 반사적으로 즉시 처리하는 단순한 시스템이 필요하다. 업무 흐름에 따라 변경할 수 있지만 나는 일반적으로 사무실에서도 가정에서와 똑같이 '보관할 서류' '보류' '미개봉' 세 종류로 분류하는 것이 효과적이라고 생각한다. 일단 정리 시스템이 확립되면 정기적으로 '보류' 서류에 속하는 자료에 후속 조치를 취할 시간을 정한다. 이 작업은 머리가 맑지 않지만 해야 할 일 목록에 있는 일을 처리하고 싶을 때 처리하기에 제격이다. 이를테면 점심을 먹고 나른해진 시간이나 일과를 마친 후에 처리한다.

책상에는 필요한 것만 두어라

깨끗한 업무 공간은 가능성을 의미한다. 방해 요소를 줄이고 최대한 나 자신에게 메시지를 던질 수 있는 가능성이다. 우선 책상 위나 업무 공간에 반드시 있어야 할 것과 그렇지 않은 것이 무엇인지 구분해보자. 책, 파일, 사무용품, 포스트잇, 달력, 컵, 음식물, 심지어 사진까지 고려한다. 가장 필수적인 용품과 현재 진행 중인 프로젝트만 책상에 두고 그 밖의 모든 것은 책장과 서랍을 활용해 수납한다.

매일 일과를 마치면 5분 동안 짬을 내어 업무 공간을 정리한다. 일하는 공간을 정리하는 시간은 업무를 종료하는 일종의 의식으로 삼는다. 이는 근무가 끝났다는 신호를 뇌에 보낸다. 이와 마찬가지로 매일 아침 필요한 용품을 다시 꺼내는 의식은 이제 근무 태세로 들어갈 시간이라는 신호를 보낸다.

당신의 가치관을 직장에 가져오라

직장에서의 미니멀리즘에 대해 이야기할 때 내가 가장 좋아하는 부분이다. 나는 우리의 가치관을 물리적으로 직장에 가져온다는 개념을 무척 좋아하기 때문이다. 2013년에 비즈니스 네트워크 웹사이트 링크드인LinkedIn에서 '내 책상에서 본 풍경View from My Desk'라는 이름의 사진 시리즈를 선보인 적이 있다. 영향력 있는 인물 50인의 책상을 찍은 사진들이었다. 어떤 책상은 소박하게 컴퓨터 한 대, 물 한 병, 그리고 호머 심슨 피규어 하나만 놓여 있었다. 그런가 하면 화려하게 꾸며놓은 책상도 있다. 스포츠 기념품, 대학 마스코트 봉제인형, 재치 있는 메시지가 담긴 머그컵 등이 올라와 있었다. 언론인 아리아나 허핑턴의 집무실은 완전히 개방되어 있으며 (그녀는 이를 투명성의 상징이라고 말한다) 깔끔하게 정돈된 책이 가득했다.

우리는 업무 공간을 설계할 때 자신보다 다른 사람에게 더 초점을 맞춘다. 자신에게 주는 메시지보다 남에게 주는 메시지를 더 신경 쓰는 것이다. 물론 업무 공간을 이용해 자신의 관심사부터 독특한 개성까지 동료들과 공유할 수 있다. 하지만 그보다 한 걸음 더 나아가 자신의 가치관(매일 일어나 출근하는 목적)을 보여주면 어떨까? 가치관을 시각적으로 나타내고, 이에 계속 초점을 맞추고 상기하는 것은 일하는 방식에 지대한 영향을 미친다.

　나는 업무 공간을 깨끗하게 유지해야 한다고 굳게 믿지만 이보다 훨씬 중요하게 생각하는 것은 자신을 파악해 개성과 가치관에 어울리는 업무 공간을 설계하는 일이다. 만약 경력 영역의 핵심 가치가 '초점'이나 '효율성'이라면 조직적이고 체계적인 업무 공간이 이 가치를 성취하는 데 도움이 될 것이다. 이와 대조적으로 '창의성'이 핵심 가치 가운데 하나라면 스스로에게 발상의 자유로움을 제공할 수 있다. 이를테면 좋아하는 아티스트의 작품 사진이나 재미있는 문구용품을 놓는다. 자신의 가치관을 일깨우는 업무 공간은 가치관과 일치하는 경력을 쌓도록 지속적으로 동기를 부여할 것이다. 인생의 좌우명이나 경력의 길잡이가 될 만한 글귀를 써놓는다거나 가족과 친구의 사진, 여행이나 자연에서 깨달은 가치를 표현하는 사진을 올려놓는 것은 어떨까.

실리콘밸리의 경영자가
매일 똑같은 옷을 입는 이유

진정한 미니멀리스트는 자신의 타고난 장점을 잘 알고 있으며 이를 활용할 수 있는 업무를 우선으로 여긴다. 자신이 그 일에 가장 크게 기여할 것임을 알기 때문이다. 또한 진정한 미니멀리스트는 모든 일을 전부 도맡아 할 수 있는 사람은 없음을 안다. 그는 자신에게 가장 중요한 일에 우선권을 부여하고 덜 중요한 일은 뒷전으로 미뤄두어도 괜찮다고 생각한다. 다음 전략을 이용해 자신의 일에 우선권을 주고 가장 중요한 업무에 더 집중하라. 그리고 일뿐만 아니라 다른 프로젝트나 부업, 취미 생활에도 이 전략을 마음껏 적용하라.

오로지 나만 할 수 있는 일이 뭘까

이 질문의 해답을 찾기까지 몇 년이 걸릴지 모르지만 나는 누구나 저마다의 재능을 타고나며 이를 활용할 때 세상에 미치는 영향력이 커진다고 믿는다. 타고난 재능을 찾고 싶다면 우선 당신의 에너지에 집중해보는 것을 권한다. 에너지는 자신의 재능을 발견하도록 도와주는 가장 뚜렷한 증거다. 일할 때 에너지를 (빼앗기지 않고) 얻는다면 그것은 타고난 재능을 발휘하며 일하고 있다는 뜻이다. 에너지를 얻을 수 있는 일을 하면서 그것을 우선으로 여길 때 당신은 세상에 가장 큰 공헌을 하고 있는 것이다.

내가 잘하는 일이 먼저다

딱 30분을 투자해 한 주 동안 처리해야 하는 일반적인 업무를 목록으로 만들어라. (다른 사람이 아니라) 당신이 반드시 수행해야 할 일에 동그라미를 치고 자신의 재능을 발휘할 수 있는 분야에 각별히 주목한다. 그것이 가장 중요한 업무이자 매주 가장 우선시해야 하는 업무다.

그런 다음 목록에서 제거하거나 단순화할 수 있는 일을 찾아보자. 예컨대 잠재적 고객을 창출하지 않는 SNS 계정을 없앨 수 있을까? 이메일로 대체할 수 있는 주간 회의가 있는가? 나보다 훨씬 빠르게 처리할 수 있는 동료에게 쉽게 위임할 수 있는 일이 있는가? 업무 목록을 단순화하고, 즐겁게 수행할 수 있는 일에 더 많은 시간을 투자해라. 그러면 직장에서도 자신의 가치관과 조화를 이룬 생활을 할 수 있을 것이며 아울러 시간이 갈수록 더 행복해지고 스트레스가 줄어들 것이다.

자신이
원하는 방식대로 살아가기에
너무 늦은 때란 없다.

나를 유혹하는 것들을 차단하라

딥 워크deep work(완전한 집중 상태에서 수행하는 업무)를 수행할 때는 예리한 정신력이 크게 요구된다. 성취감과 에너지를 얻을 수 있는 일이라 해도 이런 상태를 유지하려면 엄청난 집중력과 의지력이 필요하다. 우리의 뇌는 대개 먹는 것, 쇼핑, 비디오 게임, 이메일에 답장하기 등의 요소를 찾아내 집중력이 유지되지 못하게 방해한다.

이처럼 시간을 낭비하는 일을 식별하고 제한함으로써 되도록 그것에 민감하게 반응하지 않도록 노력하라. 주중에 사흘 동안 자신을 관찰해보자. 업무에 열중하지 못하고 방해 요소에 굴복할 때마다 그 순간을 기억해놓는다. 3일이 지나면 자신이 어떤 방해에 쉽게 유혹당하는지 명확하게 파악할 수 있을 것이다. 그 결과를 토대로 자신을 더욱 세심하게 관찰하고 제한 범위를 설정하면 중요하지 않은 일에 시간을 낭비하지 않을 수 있다. 예컨대 SNS를 체크하느라 중요한 일에 집중할 수 없다면 스마트폰의 스크린 타임 모니터링 기능을 이용해 하루 동안 SNS를 하며 보내는 시간을 추적하라. 와이파이 사용 환경을 강제로 차단하거나 스마트폰 차단 앱을 활용해보자.

멀티태스킹은 NO!

우리는 한번에 여러 가지 일을 수행하며 자신이 '멀티태스킹'을 하고 있다고 생각한다. 하지만 실제로는 뇌가 한 임무에서 다른 임무로 신속하게 전환하는 것이다. 임무를 전환하는 과정에 손실되는 시간을 전문용어로 '전환 비용'이라고 일컫는다. 손실되는 몇 초의 시간이 사소해 보일 수 있지만 줄기차게 임무를 전환하다 보면 그때마다 축적된 시간은 결코 짧지 않다. 멀티태스킹은 겉보기에는 효율적인 것 같아도 실제로는 그 반대다. 시간을 낭비하게 되고 실수도 자주 일어난다. 그뿐만 아니라 가장 중요한 작업에 집중할 때 필요한 연료인, 뇌의 글루코오스 산화 효소를 소모시킨다.

직장에서 멀티태스킹을 하는가? 팟캐스트를 들으면서 행정 업무를 처리하는가? 매장에서 교대하는 시간에 현금을 세면서 동료와 잡담을 나누는가? 알림 소리가 일의 흐름을 방해하는데도 그대로 방치하는가? 멀티태스킹을 줄이고 한번에 하나의 일을 처리하는 시간을 늘리자. 시간이 절약되는 것은 물론 중요한 작업에 더 높은 집중력을 발휘할 수 있다.

습관을 만들면 결정할 일이 줄어든다

실리콘밸리에 매일 똑같은 옷을 입는 경영인이 많은 데는 이유가 있다. 무슨 옷을 입을지, 어떻게 시간을 보낼지 등 수많은 결정은 우리를 고단하게 만든다. 연구원들은 이런 현상에 '결정 피로'라는 이름까지 붙였다. 아무리 사소해 보이는 결정일지언정 결정을 줄이면 인지적 부담이 가벼워지고 머리가 한층 맑아진다.

무언가를 습관으로 바꾸면 의식하지 않아도 자동으로 일을 수행할 수 있다. 직장에서의 습관으로는 이메일을 확인하는 시간부터 오후의 활력소를 충전할 점심 메뉴에 이르기까지 다양할 수 있다. 인지 부담이 줄어들면 재능을 발휘할 공간이 더 커진다.

몸과 마음의 리듬을 파악하라

점심을 먹고 나면 일하기 어려운가? 창의력이 주로 요구되는 일을 아침에 처리하는가? 아니면 늦은 오후에 처리 하는가? 자신의 몸과 마음의 리듬을 제대로 파악하고 있으면 언제 어떤 업무를 수행해야 가장 효율적인지 알 수 있다. 집중력이 떨어지는 시간에 회의 일정을 잡는 것도 좋고 남의 방해가 없는 혼자만의 시간을 가장 힘든 업무에 할애하는 것도 좋은 방법이다. 일과를 계획할 때는 자신의 일상적인 에너지 흐름을 고려하라.

밖으로 나가라

지금껏 뇌를 '집중 모드'로 맞추는 방법을 주로 살펴보았으나 뇌에는 또 다른 모드, 즉 '확장 모드'가 있다. 확장 모드는 우리를 도와 우리가 성취한 최상의 작업을 세상에 선사한다. 확장 모드의 뇌는 마음껏 배회하며 몽상에 잠긴다. 몽상에 잠길 때 뇌 사진을 보면 정신이 마음껏 배회하는 동안 일부 영역에서는 뇌 활동이 실제로 증가한다. 그래서 사람들은 대개 샤워를 하거나 길게 뻗은 고속도로에서 운전을 할 때 가장 기발한 아이디어를 떠올린다. 뇌는 해방되었을 때 최고의 결과물을 만들어낸다.

　뇌를 해방시키려면 규칙적으로 휴식을 취해야 한다. 단, 휴식의 질을 유념해야 한다. 사무실에서 일해본 사람이라면 누구나 휴게실의 딱딱한 소파에서 휴식을 취할 때와 야외로 나가 몸을 약간 움직이거나 신선한 공기를 마실 때의 차이를 알 것이다. 연구 결과는 후자가 전자보다 회복력이 크다는 사실을 뒷받침하며 나 역시 자연이 더 질 좋은 휴식을 제공해준다고 생각한다.

일로 만난 사이,
가깝지도 멀지도 않은 적정 거리는?

내가 생각하기에 삶의 만족도를 가장 정확하게 예측하는 요소는 인간관계다. 직장의 인간관계도 예외가 아니다. 대부분의 사람과 마찬가지로 나는 지금껏 다양한 인간관계를 맺었다. 여태껏 알고 지냈던 여러 사람들 가운데 가장 친절하고 쾌활한 여자들과 날마다 점심을 함께 먹는다. 아주 많은 영감을 남에게 불어넣어주는 사람들이다.

나는 동료들에 관해 구설을 입에 올리거나 더 안타깝게도 누군가를 이간질시키려고 애쓰는 사람들을 만난 적이 있다.

문제는 우리가 개인 생활에서 함께 시간을 보내는 사람들은 일반적으로 통제할 수 있지만 직장 생활에서는 그러기가 여의치 않다는 사실이다. 잠시 당신의 모든 동료를 떠올려보고 그들이 당신에게서 무엇을 끌어내는지를 생각해보자. 가장 중요한 것에 에너지를 투자하라고 영감을 불어넣는가? 그들은 당신이 일에 적용하고 싶은 가치들을 실천하는가? 아니면 불평하고, 집중을 방해하고, 뒷말을 하고, 다른 사람의 사기를 꺾는가?

비록 주변 사람들을 바꿀 수는 없지만 직장에서 더 만족스러운 인간관계를 맺기 위한 발걸음을 내디딜 수는 있다. 직장에서 만들어내고 싶은 경험에 집중하지 못하게 방해하는 동료나 부하직원, 심지어 관리자가 있다면 다음 방법을 시도해보라.

- 부정적인 말로 상대를 지치게 하는 동료에게서 긍정적인 모습을 끌어내는 방법을 모색해보자. 아무리 까다로운 사람이라도 상황만 적절하면 유순해질 수 있다. 비관적인 동료는 자신의 말을 들어줄 상대를 찾고 있는 것일지도 모른다. 항상 게으름을 피우는 동료가 바라는 것은 그저 팀원들의 인정일지 모른다. 이 동료의 바람직한 특성에 초점을 맞추고 그에게도 이런 생각방식을 권하라.
- 힘든 대화를 기꺼이 나눈다. 솔직함과 올바른 마음가짐으로 건네는 말 몇 마디가 어떤 변화를 일으킬 수 있을지 결코 알 수 없다(설령 변화를 일으키지는 못했다 해도 적어도 상대를 진실하게 대하지 않았는가).
- 친절하게 대한다. 함께 일하기가 무척 어려워도 계속

함께 일할 수밖에 없는 사람이 있다면 문을 완전히 닫아버리기보다는 한결같이 정중하게 대하면서 마음의 문을 계속 여는 편이 낫다.

- 다른 모든 방법이 실패했다면 기분이 좋아지는 사람들과의 시간을 더 많이 보내기 위해 본인이 할 수 있는 일을 한다. 다른 팀과 협력할 새로운 임무를 찾거나 조직에서 새로운 역할을 찾을 수 있다. 물론 이런 변화가 하룻밤 만에 일어나지는 않겠지만 궁극적으로 업무 환경을 개선하고자 몇 가지 장기적인 목표를 세우는 것은 언제나 바람직한 일이다. 당신에게는 자신의 시간과 감정, 그리고 정신적 공간을 지키고 일상적인 경험을 향상시키기 위해 솔선할 권리가 있다.

회사에 충성을 바친
어느 남자의 후회

어느 날 내가 커피숍에 앉아 있을 때 한 노신사가 내 앞자리가 비어 있느냐고 물었다. 그의 질문을 받고 나는 놀랐다. 내가 앉은 자리는 2인용 테이블이었고 주변에 빈 테이블이 군데군데 있었기 때문이다. 나는 웃음을 지으며 노트북을 테이블 구석으로 밀어놓고 그에게 앉으라고 권했다. 솔직히 하던 일을 마무리하고 싶은 마음이 더 앞섰지만 말쑥한 차림새의 노인과 나누는 대화가 내 일보다 더 가치가 있을지도 모른다는 생각이 들었던 것도 사실이다.

노신사는 자기 나이쯤 되면 머릿속에 떠오르는 대로 질문해도 거리낄 것이 없다며 농담을 건넸다. 그러고는 내 가족과 취미, 직업을 묻고 자신의 인생에 대해 짧은 이야기를 들려주었다. 커피를 다 마신 뒤 지갑과 열쇠를 챙기면서 그는 지금도 내 기억에 남아 있는 이야기를 꺼냈다.

"내가 당신 나이였을 때 하고 싶었던 일은 중요한 것에 집중하는 일이었지요. 하지만 전혀 그렇게 살지 못했습니다. 나는 원치 않던 승진을 했고, 야근을 밥 먹듯이 하며 가족에게 소홀했어요. 나와 가족보다 상사에게 더 충실했지요. 정말 많은 것들이 내가 중요한 것에 집중하지 못하도록 방해했어요. 그때로 돌아갈 수 있다면 다른 선택을 하고 싶습니다."

노신사가 자리에서 몸을 일으켜 행운을 빈다고 말했을

때 나는 그의 집이 어떤 모습인지는 전혀 몰라도 내 앞에 선 이 사람은 분명히 미니멀리스트라고 생각했다. 미니멀리스트의 사고방식은 삶이 그에게 건넨 선물이었다. 비록 그것을 이해하기까지 수십 년이 걸렸지만 말이다.

자신이 원하는 방식대로 살아가기에 너무 늦은 때란 없다. 느닷없이 직장을 그만두고 밴에 몸을 실어 전국을 여행해야 한다는 뜻이 아니다. (물론 당신의 심장이 그곳으로 이끈다면 무조건 시도하라!) 무언가를 배우는 일부터 여행을 하거나 그냥 집에서 더 의미 있는 시간을 보내는 일까지, 당신이 마음속에 그리는 일과 삶의 균형을 맞추기 위한 변화는 오늘부터 시작될 수 있다.

5장

생활이 단순해지면
가족이 화목해진다

:가족의 변화

자신의 가치 나무를 다시 살펴보고 '가족' 영역의 핵심 가치를 아래 빈칸에 적어라. 5장의 전략을 실천할 때 지침으로 삼아야 할 가치들이다.

1. _____

2. _____

3. _____

다음 질문에 대답해보자.

- 가족 구성원으로서 어떤 기분을 느끼고 싶은가?
- 나의 가족이 어떤 기분을 느끼기를 원하는가?
- 가족에 대해 어떤 비전을 품고 있는가?
- 가족 생활에서 당신이 원하는 기분을 느끼지 못하도록 가로막고 있는 것은 무엇인가?

••••

비교하지 마라,
가장 빨리 불행해지는 방법이다

내 맏아들은 열한 살 무렵에 젖살이 완전히 빠졌다. 아이는 젖살 대신 눈에 띄게 튀어나온 갈비뼈와 길쭉한 팔다리를 얻었다. 얼마 전 캠핑 의자에 앉아 바다를 바라보고 있을 때 아이가 내게 천천히 다가왔다. 나는 아이의 손을 잡아당겼고 아이도 웃으며 내 무릎에 앉았다. (안타깝게도 이제는 자주 일어나지 않는 일이다!)

나는 수평선을 응시하며 눈앞에서 너울거리는 파도, 그리고 팔에 안긴 아이를 느꼈다. 아이는 잠시 머물렀다가 동생들을 쫓아 파도를 향해 달려 나갔다. 나는 방금까지 아이의 따뜻한 몸이 머물었던 자리로 밀려드는 서

늘한 바람을 느꼈고 그 순간 우리가 한 가족으로서 함께 나눈 느긋한 순간에 감사했다.

아이들이 어렸을 때 우리는 소박한 동네 놀이를 가장 중요하게 여겼다. 생일파티와 음악회, 약속으로 가득한 주말보다 자연에서 느긋하게 즐기는 가벼운 외출을 선택했다. 우리 가족의 속도가 누구에게나 어울리는 것은 아니다. 하지만 우리에게는 더할 나위 없이 적당한 속도이며 중요한 사실은 그것뿐이라고 생각했다.

지금 당장 당신의 어깨를 붙잡고 현대의 가족생활에 대해 한 가지 진실을 전할 수 있다면, 나는 당신의 가족생활이 다른 사람과 똑같을 필요가 없다고 말할 것이다. 바쁘게 지낼 필요가 없다. 보조를 맞출 필요가 없다. 당신이 여는 모든 생일파티가 인스타그램에 올릴 만한 행사가 아니어도 된다. 매일같이 생산적인 일을 계획하지 않아도 된다.

한 친구에게 요즘 어떻게 지내느냐고 물었을 때 친구는 이렇게 대답했다.

"그냥 그렇지 뭐. 버티고 있어. 요즘 들어 일은 정신없이 바쁘고 2주 전에 엄마가 손목을 다치셔서 더 자주 뵈러 가려고 노력하고 있어. 세 아이가 이번 주말에 운동

경기를 하는데 장소가 다 달라. 게다가 아이 친구가 생일 파티를 연다고 하고, 남편과 나는 토요일 밤에 모금행사에 가야 해. 너도 어떤지 잘 알잖아!"

솔직히…… 나는 그게 어떤지 진심으로 알지 못했다. 적어도 완벽하게는 알지 못했다. 여느 가족과 마찬가지로 우리 가족에게도 다른 계절보다 더 바쁜 계절이 있다. 우리도 주말이면 축구에 더 많은 시간을 할애하고 남편의 출장 일정 때문에 집에서 평소보다 더 많은 일을 처리해야 하는 때가 있다. 하지만 대부분 우리는 그런 시기를 잘 넘긴 다음 우리 가족의 평균적인 삶, 즉 편안함과 균형을 느끼는 속도로 돌아간다.

이 시대는 바쁨을 기준으로 사람의 가치를 평가하는 것처럼 보인다. 이런 문화로 말미암아 사람들은 부모가 아이에게 모든 것을 제공하지 않으면 아이가 장차 성공할 수 없도록 막는 것이나 다름없다고 생각한다. 다들 이런 걱정을 하는 것 같다. '유치원에 다닐 때부터 단체운동을 하지 못하면 어떻게 대학 운동선수로 발탁되지?' '세상의 모든 예체능을 경험하지 못하면 어떻게 자신의 열정을 불러일으키는 것을 찾아낼 수 있지?'

이런 생각의 문제점은 '바쁘다'가 '더 낫다'와 동의어라는 가정이다. 당신이 마음 깊은 곳에서 가족에게 진심으로 원하는 것은 무엇인가? 빼곡한 일정인가, 아니면 함께 추억을 만들 시간인가? 아이들에게는 무엇을 원하는가? 일류 학교의 장학금인가, 아니면 의미 있는 일에 참여하는 삶인가? 3점 슛인가, 아니면 어떤 기술을 연습하면서 얻을 수 있는 삶의 교훈인가? 전 과목 A학점인가, 아니면 부모가 이 세상 무엇보다 그들을 사랑한다는 깨달음인가?

자신이나 다른 사람과 경쟁할 필요가 없다. 누구나 자기만의 방식으로 가족생활을 영위할 수 있다. 자신에게 어울린다고 생각하는 방식을 찾았다면 이루 헤아릴 수 없는 안정감과 위안을 느낄 것이다.

지금쯤이면 미니멀리스트의 삶이라고 해서 반드시 뼈대만 남기고 모조리 제거하는 것이 아니라는 것을 이해할 것이다. 우리가 지향하는 것은 그저 자신에게 중요한 것을 바탕으로 한 삶이다.

달력에 다음 두 달간의 가족 일정을 모두 적어라. 그런 다음 가족생활을 위한 핵심 가치를 적어라. 써넣은 일정 가운데 이 가치와 직접적으로 관련이 없는 모든 활동을

X표로 지워라. 이런 작업에서 가족과 시간을 보내는 자신의 방식에 대해 무엇을 알 수 있을까? 당신의 일정이 당신이 지키고 싶은 가치관에 어떤 도움이 되는가? 포기하려면 무엇이 필요한가? 오늘부터 몇 가지를 바꾸겠다고 결심하라.

집안일이 놀랍도록 쉬워지는 마법의 시스템

맛있는 음식을 느긋하게 준비하는 일은 어떤 사람에게는 복잡한 마음을 정리하는 시간이다. 온 세상이 고요해지고 들리는 것은 다진 마늘이 뜨거운 기름에서 지글거리는 소리뿐이다. 또 어떤 사람에게 요리는 부엌에 모이는 가족 구성원과 함께 웃고 어울리는 시간을 의미한다. 그런가 하면 음식은 그저 식탁에 올라야 할 대상일 뿐이라고 생각하는 사람도 있다.

당신이 이 가운데 어떤 부류에 속하는 사람이든 상관없다. 스스로 그 점을 인정하고 받아들이는 것이 중요하다. 예컨대 가족생활의 핵심 가치 중에 하나를 '관계'로 꼽는 사람에게 식사시간은 이 가치를 위한 훌륭한 도구가 된다. 하지만 가족에게 음식을 제공하는 일이 따분한 집안일이라고 느끼는 사람이라면 가족의 일상에서 관계를 맺을 수 있는 다른 방법을 찾으면 된다.

이 책의 주제는 단순화다. 그러니 이 책의 독자라면 삶에 불필요한 스트레스를 일으키지 않고 식사를 준비할 수 있는 조언을 반길 것이다. 식사 준비를 최대한 단순화할 수 있는 방법을 소개하고자 한다.

무엇을 먹을지 고민하는 시간을 아껴라

매달 말에 다음 한 달의 일일 식단을 계획하라. 달력에 식단을 적어두면 지키기가 쉬울 것이다. 다른 요일보다 시간이 더 많은 요일이 있다면 그날에 손이 더 많이 가는 요리를 준비하고 더 바쁜 날에는 남은 음식을 내놓기로 계획한다. 이를테면 일요일에는 거창한 요리를 준비하고 일주일 중 가장 바쁜 날인 화요일에는 남은 음식을 먹는다. 매주 초에 일주일 식단에 어떤 식품이 필요한지 목록을 작성한다. 일주일에 한 번만 장을 보고 시간과 돈을 아끼려고 노력하라.

월에 한 시간가량을 투자해 월간 계획을 세우고 한 주에 15분을 할애해 일주일치 식품을 목록으로 작성한다. 그리고 한 번 사용한 식단 달력을 저장해두면 나중에 수십 가지 식사 아이디어를 떠올리는 데 도움이 된다. 이 방법을 이용하면 월말이 가까워졌을 때 상당한 시간과 고민을 덜 수 있다.

식단 카드 만들기

메모지 4장을 준비해 '식단 카드'를 만든다. 한 식단 카드에 일주일간 먹을 7가지 식단을 적는다. 뒷면에는 해당 식단에 필요한 식품 목록을 적는다. 매주 초에 장을 보러 갈 때 카드 한 장을 챙겨라. 그러면 식단과 장 볼 목록이 준비되어 있을 것이다. 이 방법을 이용하면 4주마다 식단이 반복될 텐데, 반복이 싫다면 새로운 식단 카드를 작성해 추가할 수 있다. (나는 식단 카드를 코팅해 지갑에 보관한 적도 있다!)

집안일 줄이기 전략

매주 몇 시간씩 집안일을 처리하는 데 매달리고 싶은 사람은 아무도 없다. 그리고 내가 주장했듯이 미니멀리스트는 대부분 그런 생활을 원치 않는다. 그들은 자신에게 가장 중요한 것을 인식하고 세탁이나 정원 손질보다 더 큰 목적을 위해 자신의 재능을 활용하고 싶어 한다. 다행히도 우리는 아래의 전략을 통해 미니멀리스트에 더 가까워질 수 있다.

1. 자유시간이 늘어나는 마법

두 아이를 둔 한 남자가 반년 전에 물건을 대대적으로 정리했던 경험에 대해 이야기했다.

"물건을 버리면 가벼워진 느낌을 받고, 우리의 물건에 덜 짓눌린다는 느낌 정도를 예상했어요. 그런데 그것 이상으로 얻은 것이 있어요. 예상하지 못한 자유 시간이 늘었어요. 물건을 이리저리 옮기고 관리하던 시간과 빨래와 설거지, 정원 관리를 하며 보낸 시간이 자유 시간으로 변한 거죠. 그전까지는 우리가 가진 물건 때문에 그런 집안일이 생긴다는 생각을 못 하고 살았어요."

덜어내며 살면 정리해야 할 물건이 줄어들어 시스템의 효율성이 높아진다. 주걱을 찾으려고 부엌 서랍을 뒤지는 대신 곧바로 꺼낸다. 청소기를 돌리기 전에 10분 동안 거실 바닥을 정리하는 대신 물건 두어 개만 집어 들고 청소기의 전원을 켠다. 널어놓은 빨래를 빠르게 개키

면 너무 오랫동안 개키지 않아서 더러운지 깨끗한지조차
알 수 없는 빨래 더미를 다시 세탁하는 일이 없다. 일주
일 동안 이런 사소한 행동을 수십 번 반복해보라. 시간
이 엄청나게 절약될 것이다.

2. 깨끗하지 않아도 괜찮아

미니멀리스트의 책에서 언급하기에는 어울리지 않을 수
있겠지만, 집에 대한 만족감을 높이기 위해 취할 수 있는
가장 바람직한 조치는 우리가 지저분한 상태를 어느 정
도까지 감당할 수 있는지 판단하는 것이다.

가족생활을 위한 핵심 가치를 다시 상기하여 집의 청
결함이 이 가치들을 실천하는 데 어떤 영향을 미치는지
생각해보라. 예컨대 존재와 사랑, 유머가 중요한 가치라
면 이런 질문을 던져볼 수 있다. '우리 집의 상태는 내가
존재하며 가족에게 사랑을 베풀 수 있는 가능성에 어떤
영향을 미치는가?' '가족에게 잔소리를 줄일 수 있다면
어느 정도 어질러진 상태를 받아들일 수 있을까?' '유머
를 더 발휘해서 우리 집의 청결함, 혹은 청결하지 않음에
좀 더 유연하게 접근하면 어떨까?'

확신컨대 덜어내며 살면 청소가 놀랄 만큼 쉬워질 것

이다(내가 여태껏 만난 미니멀리스트들이 모두 입을 모아 말했다). 하지만 집의 상태가 자신의 가치관과 비전에 미치는 영향을 파악하는 것이 더 중요하다. 이를테면 하루 미루는 편이 더 나은 집안일도 있다.

장난감 지옥에서 벗어나고 싶다면

어린아이를 키우는 사람이라면 장난감이 얼마나 거추장스러운지 익히 알 것이다. 장난감을 치우는 데 대부분의 시간을 쓰면서 의미 있는 인생을 살아갈 여유를 찾을 수 있는 사람은 없다.

초보 엄마일 때 내 일과의 마무리는 날마다 한결같았다. 녹초가 된 몸을 침대에 누이고 싶은 마음이 간절했지만 집 안을 돌아다니면서 장난감을 주워 모아야 했다. 아이들이 꺼내서 몇 초 가지고 놀다가 거실 한가운데 아무렇게나 팽개친 장난감들이었다. 나는 너무나 오랫동안 이 일을 내 삶의 일부, 아이를 키우는 일에 따르는 한 가지 책임이라고 여겼다. 그러던 어느 날 매일 장난감 트럭과 전화기를 주워 모으면서 하루를 끝내고 싶은 마음이 없다면 굳이 그럴 필요가 없지 않나 하는 생각이 문득 들었다. 다음은 내가 장난감 정리에 이용한 2가지 방법이다.

1. 너무 많은 것은 없는 것과 같다

나는 걸음마를 배우는 우리 아들들을 세심하게 관찰하며 몇 분 이상 그들의 관심을 끄는 장난감과 이리저리 끌고 다니다가 금세 팽개치는 장난감에 주목했다. 그리고 어느 날 밤 나는 아이들이 잠든 동안 아이들 방으로 살짝 들어가서 내 기준을 통과하지 못한 장난감들을 모조리 상자에 담았다. (손에 전등을 들고 잡동사니를 정리해보면 내가 엄마라는 사실을 새삼 깨닫는다!) 다음 날 우리 아이들을 기다리고 있는 것은 3분의 1로 줄어든 장난감과 아이들이 장난감이 사라졌다는 걸 얼마나 일찍 알아차릴지 지켜보는 엄마였다.

결과가 궁금한가? 아이들은 거의 눈치채지 못했다. 사실 아이들은 마치 새것이라도 되는 듯이 남은 장난감을 대했다. 차고 넘치는 옷장 앞에 서 있을 때 느끼는 결정 피로와 장난감에 대한 아이들의 태도를 비교할 수 있었다. 선택 방안이 너무 많을 때는 오히려 아무것도 없는 것 같은 느낌이 든다. 장난감을 정리한 다음부터 우리 아이들은 머릿속에서 어지럽게 널려 있는 장난감 잡동사니를 걸러낼 필요가 없었다.

처음으로 장난감을 정리할 때는 아이들이 찾을 것 같

은 장난감을 잠시 보관했다가 그 장난감을 계속 궁금해하면 다시 꺼내준다. 2~4주 정도로 기간을 정해서 이 기간이 끝날 때까지 아이들이 찾지 않는 장난감은 처분한다. 그러면 그것들이 창고의 영원한 붙박이가 되는 일은 없을 것이다.

첫 번째 장난감 정리를 끝낸 후에 나는 새로운 사실을 깨달았다. 끝까지 남은 장난감은 아이들이 반복해서 가지고 놀면서 그때마다 다른 방식으로 활용할 수 있는 쌓기 놀이와 상상력 놀이 세트뿐이었다. 나무블록, 구슬, 레고…… 이런 종류의 장난감이 우리 가족에게 수십 시간의 가치를 제공한 것이다.

2. 장난감도 적을수록 더 좋다

나는 아이들 옷장의 상단에 장난감 세트를 보관하다가 한번에 한 세트씩만 침실 바닥에 내려놓았다. 아이들이 새로운 세트를 맞이할 준비가 되었을 때 나는 지금 가지고 노는 세트를 정리하면 곧바로 새 세트로 바꿔주겠다고 말하곤 했다. 며칠이 지나자 매일 밤 한 아름씩 치워야 했던 장난감이 거의 없어졌다. 우리에게 필요한 것은 손에 꼽을 만큼의 장난감이 전부였고 규칙적으로 돌아가

면서 장난감을 꺼내면 아이들은 그때마다 거의 새 장난
감처럼 느꼈다. 장난감을 줄인 부모들은 장난감이 적어지
니 가족이 얼마나 더 바람직한 방향으로 변했는지 모른
다고 내게 말했다. 아이들은 예전만큼 다투지 않고 장난
감을 더욱 창의적으로 활용한다. 어쩌면 그들이 물건을
어디에 두어야 하는지를 알고 스스로 뒷정리한다는 점이
가장 바람직한 변화일 것이다. 장난감으로부터의 해방이
매력적으로 보인다면 '적을수록 더 좋다'를 다시 한 번 상
기하라.

누구의 희생도 없어야 더 돈독해진다

나는 이따금 나를 텐트의 중심 지지대라고 생각한다. 텐
트를 지탱하고 천막을 밖으로 펼치기 위해 열심히 노력한
다. 하지만 반드시 인정해야 할 사실은 혼자서 모든 일을
처리할 수는 없다는 점이다. 다른 사람이 동참해 중심에
서 나와 함께 밖으로 천막을 펼친다면 우리가 덮을 수 있
는 땅이 더 넓어질 것이다. 가족의 안정이 어느 한 사람
의 희생으로 이루어지고 있다면, 그 행복은 오래가지 못
한다. 각자의 역할을 책임감 있게 완수해야 진정으로 서

로를 아끼는 가족이 될 것이다. 아이를 키우는 가족에게
는 우리 가족의 단순한 시스템과 더불어 집안일에 대한
아이들의 책임감을 일깨워줄 수 있는 몇 가지 아이디어
를 알려주고 싶다.

- 소형기기를 작동시킬 만큼 자란 아이라면 집안일을 도
  울 수 있다. 빨래 분류하기부터 창문 닦기, 식기세척기
  를 돌린 후에 그릇을 치우는 일까지, 어린아이라도 할
  수 있는 일이 의외로 많다.
- 우리 집에서는 서너 살 무렵부터 아이들에게 이른바
  '일상 업무'를 맡긴다. 본인의 침대 정리와 신발 정리,
  자기가 먹은 접시 치우기 등 몇 가지 소소한 책임이
  일상 업무에 속한다. 그뿐만 아니라 빨래 돕기, 쓰레기
  내다버리기, 식사 후 식탁 닦기, 혹은 식기세척기에 그
  릇 넣기 등 좀 더 중요한 일을 아이들에게 (아이가 더
  크면 더 많이) 맡긴다. 1년 동안 임무를 배정하면 집안
  일에 대해 고민하거나 누가 무슨 일을 해야 하는지를
  놓고 다투는 상황을 예방할 수 있다.
- 약간의 용돈을 벌 수 있는 십여 가지 '유급 집안일'도
  제공한다.

내 경험상 아이들(사실 모든 사람)과 함께 나눌 수 있는 집안일의 책임 가운데 가장 까다로운 부분은 수용할 만한 수준을 결정하는 일이다. 여덟 살짜리가 여러분처럼 조리대를 청소할 수는 없을 것이다. (굳이 말하면 여러분의 배우자도 아이와 다를 바 없을 것이다!) 하지만 시간과 에너지를 진정으로 중요한 일에 투자할 수 있는 경우라면 완벽함보다는 임무 완수가 더 중요하다.

현재 아이들을 키우고 있는 사람들에게 꼭 하고 싶은 말은 나는 한 부모가 자녀 양육을 도맡아서 하는 것이 당연하다고 생각지 않는다는 것이다. 물론 시간과 에너지가 턱없이 부족하다면 지지 네트워크를 구축하기가 쉽지만은 않을 것이다.

하지만 이런 식으로 생각해보자. 아이들이 다른 사람의 관심과 보호를 받으며 동네에서 놀 수 있다고 믿을 수 있다면 기분이 어떨까? 문자나 전화 한 통으로 도움을 받을 수 있다면(집에서 꼼짝할 수 없을 때 누군가 대신 아이를 데리러 가거나 갓난아이를 들쳐 업고 식품점에 갈 엄두가 나지 않을 때 누군가 우유를 사다준다면) 기분이 어떨까? 무엇보다 아이를 키우면서 가장 우울한 순간에 찾아가도 아무것도 묻지 않는 친구가 있다면 기분이 어떨까?

자신의 가치관을 토대로 가족생활을 영위하며 정신없이 뛰어다니지 않는 속도로 살고 싶다면 동네 이웃에게 기꺼이 투자하고 그들 또한 당신에게 투자할 여지를 주어야 한다. 친구나 가족에게 딸의 무용복을 고쳐달라거나 캠프에 갔던 아들을 집에 데려와달라고 부탁하라. 의지할 수 있는 네트워크는 가족생활을 크게 바꿔준다. 도움을 청하고 그 보답으로 도움을 주어라.

우리 가족이
매달 첫 토요일에 꼭 하는 것

한 친구는 아침마다 아들을 깨울 때 아들의 침대에 올라 짧게라도 포옹을 한다. 내 블로그의 한 오랜 독자는 어머니가 지내는 요양원을 방문했다가 돌아오는 길에 큰 소리로 "엄마 더 사랑해요"라고 외친다고 말했다.

"수천 가지 이야기를 수집한 끝에 나는 이것이 진실이라고 기꺼이 말할 수 있다. 깊은 사랑과 소속의 느낌은 남녀노소 할 것 없이 모든 사람의 더 이상 축소할 수 없는 욕구이다. 우리는 생물학적으로, 인지적으로, 물리적으로, 그리고 영적으로 사랑하고 사랑받으며 소속되도록 설계되어 있다."

— 브레네 브라운Brené Brown(심리학자)

가족을 위한 가치관으로 무엇을 선택하든 간에 장담하건대 우리는 대부분 한 가지 공통점을 공유한다. 바로 관계와 유대, 화합과 사랑이다. 브레네 브라운에 따르면 우리는 관계를 맺도록 설계되어 있다. 배우자를 뒷바라지하든, 아이를 키우든, 노부모를 돌보든, 손자들에게 애정을 쏟든 상관없이 아래의 사소하지만 힘이 센 행동은 가족의 일상에 더 많은 애정을 선사한다.

• 어린 시절의 모험과 청소년 시절의 치기 어린 반항 등 인생에 담긴 이야기를 가족과 자주 공유하라. 배우자를 처음 본 순간 무슨 생각이 떠올랐는가? 결혼하던 날과 아이가 자전거 타는 법을 배운 날 기분이 어땠는가? 저녁 식사 자리나 자동차 안에서 혹은 밤 인사를 나누기 전에 자신의 이야기를 들려줘라. 이야기를 하며 가족의 과거와 현재와 미래를 함께 그려라.

자신의 가치관에
의미 있게 기여하는 대상을
의도적으로 소중하게 여기는 삶

- 가족을 팀이라고 표현하라. 팀 윌리엄스, 팀 로드리게스, 팀 루소 등. 그러면 팀처럼 생활하게 될 것이다.
- '무슨 일이 있더라도'라는 말을 써라. "무슨 일이 있더라도 난 널 사랑해."
- 저녁을 먹으며 의미 있는 대화를 나누는 시간을 되도록 많이 가져라. 돌아가면서 하루 동안 있었던 감사할 일을 공유하거나 장미와 가시(긍정적인 경험과 부정적인 경험)를 함께 나누어라.
- 배우자와 데이트를 계속하라.
- 아이의 나이가 몇 살이든 책을 읽어주어라.
- 모든 가족이 볼 수 있는 곳에 가족의 가치관을 붙여놓고 산책할 때 그것에 대해 이야기하라.
- 스마트폰을 손에서 내려놓아라.
- 배우자와 아이들, 다른 사랑하는 사람들과 눈을 마주치는 시간을 두 배로 늘려라. (세 배로 늘리면 더욱 좋다.)
- '늦게 잠드는 날'을 정하라. 이날에는 아이가 부모와 차분하게 일대일 시간을 가지고 평소보다 15분 늦게 잠자리에 든다. 매달 아이가 태어난 날짜를 이날로 정하는 것이 좋다. 그러면 날짜를 깜빡할 가능성이 적고,

손꼽아 기다리는 날이 생기는 것이다.

- 아이나 배우자가 잠자는 동안 그들을 지켜보고 다음 날 그 사실을 다정하게 말해주어라.
- 미안하다고 말하라(진심을 담아서).
- 가족이 고통스러워할 때에는 과거에 직접 경험했던 비슷한 상황을 되돌아보고 어떤 느낌이었는지 떠올려라.
- 감사 편지를 써서 배우자가 출근하기 전에 가방에 끼워두어라.
- 부모님께 전화를 걸어라. 당신이 생활하는 모습이 담긴 사진을 문자로 보내라. 부모님은 여러분이 어떻게 지내는지 보고 싶어 한다.
- 누구나 볼 수 있는 곳에 가족을 위한 격려의 말과 명언을 적어라. 당신이 그들의 존재와 어려움을 인식하고 있다는 사실을 넌지시 전할 수 있다.
- 아동용 카시트에 아이를 앉힐 때마다 뽀뽀를 하거나 매일 일과가 끝날 때 힘찬 포옹으로 배우자를 맞이하라. 반복되는 일상에 좀 더 많은 관계를 포함시킬 수 있는 순간을 찾아라.
- 가족에게 천진난만한 모습을 보여라. 자동차에서 목청껏 노래를 부르거나 마트에서 춤을 추거나 악의가 없

는 농담을 던져라. 기쁨에 찬 삶의 본보기를 보여라.

나는 자동차 여행을 떠날 때마다 목적을 가지고 살 수 있는 더욱 명확한 시각과 새로운 에너지를 얻었다. 자동차 여행은 산을 오르거나 아름다운 노을을 바라보는 경험과 비슷하다. 이처럼 일상에서 벗어나는 시간을 가지면 큰 그림을 보는 데 도움이 된다.

가족과 함께 여가 시간을 즐기면 반복되는 일상과 책임의 부담 속에 묻혀 자칫 사라지기 쉬운 가족의 가치관을 실천할 여유가 생긴다. 당신의 가족 가치관에 아름다움과 모험이 포함되어 있는가? 그렇다면 여가 시간을 이용해 야외로 나가 자연의 경이로움을 탐구하라. 다른 문화를 경험하는 일을 높이 평가한다면 진짜 페루 요리를 맛볼 수 있는 레스토랑에 가거나 아니면 돈을 모아 페루로 여행을 떠나라.

여가 시간은 우리에게 반드시 필요한 휴식을 제공한다. 무엇을 하거나 무엇이 되지 않고, 그저 존재할 수 있는 기회를 선사하는 것이다. 나는 개인적으로나 한 가족 구성원으로서 항상 계획적으로 생활하려고 노력한다. 하지만 있는 그대로의 모습으로 존재하는 시간과 계획적으로 생활하는 시간의 균형을 맞춰야 한다고 믿는다.

정확히 어떤 방식으로 가족생활에 여가 시간을 포함시킬지는 각자의 성격과 가치관, 삶의 단계에 따라 달라질 것이다. 여가 시간을 일부러 계획하지 않고, 일상에 자연스럽게 포함시키는 편을 선호할 수도 있다. 달력에 표시하고 계획을 짜야 한다면 진짜 여가 시간처럼 느껴지지 않을 테니 말이다.

우리 가족은 매달 첫 토요일을 비워두고 가까운 곳이더라도 꼭 바람을 쐬러 나간다. 기대할 만한 휴가가 있는 것만으로도 모두가 한 달을 살아갈 힘이 된다. 여가 시간을 미루다가 끝내 즐기지 못하는 사태가 벌어지지 않도록 하라. 숨을 쉬고 긴장을 풀며 관계를 맺을 수 있는 시간은 꼭 필요하다.

미니멀리스트 가족은 다른 사람보다 자신을 더 믿는다. 그들은 가족의 저녁 식사를 마치 신성한 의식처럼 여긴다. 한번에 너무 많은 활동을 하지 않고 목적을 가지고 지출하며 슈퍼마켓에서 흘러나오는 마이클 잭슨 노래에 맞춰 춤을 춘다. 대세를 거스르는 일을 두려워하지 않는다. 그들은 가족 구성원으로서 자신의 가치관을 알고 이를 바탕으로 삼아 진지하게 자신의 정체성을 형성한다. 가치관과 방향을 알고 따르면 마침내 주변의 소음을 잠재우고 내면의 목소리에 귀를 기울이게 될 것이다.

6장

돈이 모이는 사람은
심플하게 쓴다

:소비 생활의 변화

46쪽으로 돌아가 경제적 안정을 위한 당신의 비전에 가장 적합한 세 가치를 찾아라. 6장의 전략을 실천할 때 지침으로 삼아야 할 가치들이다.

1. _____
2. _____
3. _____

다음 질문에 대답해보자.

- 돈에 대해 생각할 때 어떤 기분을 느끼고 싶은가?
- 장기적인 경제적 안정을 위해 어떤 비전을 품고 있는가?
- 돈 때문에 스트레스를 받는다면 그 이유는 무엇인가?

••••

당신에게 검소한 삶을 권하지 않는 이유

팀은 언제나 가진 것이 많지 않아도 스스로 행복한 사람이라고 생각했다. 20대 초반에 그는 고모가 물려준 낡은 차 볼보를 몰고 다녔다. 대학을 졸업해서 결혼하고 6년이 지날 때까지 이 자동차를 고쳐 탔는데 결국 운전석 쪽 문이 더 이상 열리지 않고 정지등 하나는 수리가 불가능한 지경에 이르렀다.

그는 물건에 그다지 신경 쓰지 않는 여자와 결혼했다. 두 사람은 대금을 완납한 자동차를 몰았고 도시 외곽에 소박한 집을 소유했으며 물건을 교체하기보다는 수리하는 편이 더 낫다고 믿었다. 그들이 버려야 할 물건도 버리지 못한 것은 검소했기 때문이었을 것이다. 상당한 돈(이

때 상당한 돈이란 액수와는 전혀 상관없다)을 지불한 물건은 좀처럼 버리려 하지 않았다. 팀은 '언젠가 다시 필요할지 모른다'고 생각했다.

2012년 차고를 대청소하기 시작했을 때 팀은 자신과 아내 에밀리가 사들인 물건이 생각보다 훨씬 많으며 그 가운데 버린 물건이 거의 없다는 사실을 발견했다. 그들의 차고는 유아용 그네, 부서진 아기 침대, 이미 한참 전에 아이들에게 작아진 유아용 우주복 무더기로 가득했다. 그는 '버리지 못하는 게 습관이 되었다'고 생각했다.

물질적인 사람이 아니라는 사실에 언제나 자부심을 느꼈던 그로서는 자기 가족이 얼마나 많이 소비했는지를 깨닫고 혼란스러울 수밖에 없었다. 비록 다른 사람들에 비하면 적은 편이었지만 자신들의 소비가 미친 영향을 살펴본 결과는 놀라웠다. 그리고 수많은 소유물이 자신의 정신적 수용 범위와 인내심, 물리적 에너지 그리고 (가장 기본적으로) 통장 잔고에 입힌 피해를 깨달았다.

이 무렵 팀과 에밀리는 1년 동안 (브레이크액과 화장지 같은 필수품을 제외하고) 새것은 전혀 구입하지 않기로 결심했다. 필요한 경우에는 중고품을 구입하기로 약속했다. 새것을 전혀 구입하지 않은 지 반년쯤 지났을 때 팀과 에밀리는 스트레스 해소를 위한 쇼핑을 그만두었다(중고품 할인 매장도 예외가 아니었다). 에밀리가 말했듯이 물건을 전혀 사지 않는 것은 아무런 의미가 없다. 그해 연말에 두 사람은 집 안의 모든 방을 차례로 정리했고 (그들의 표현을 옮기자면) '백만 배 가벼워졌다'고 느꼈다.

한때는 스스로 검소한 성품을 가졌다고 생각했지만 이제는 '의식적인 노력'일 뿐이라고 생각했다(물론 검소한 면도 있다고 생각했다. 어떤 것은 결코 변하지 않으니 말이다). 두 사람은 마침내 소비의 더 큰 그림(사회적·환경적·정서적 비용)을 볼 수 있었다. 그리고 그해의 재정에 일어난 변화에 불평하지 않았다. 의식적으로 소비를 줄이고 필수품만 구입한다는 선택 덕분에 아이들의 대학 학자금과 두 사람의 노후 자금은 눈에 띄게 증가했다. 그 결과 쇼핑보다 더욱 효과적으로 스트레스가 해소되었다.

그리고 더 이상 무언가가 '잘못되었다'고 느끼면서 살지 않았다. 이제는 자신들의 소비 습관과 개인적인 가치관이 일치할 때 따르는 편안함과 자신감을 경험했다. 그들의 삶은 전반적으로 완전히 바뀌었고 이는 모두 한 가지 선택, 즉 돈과의 관계를 바꾸겠다는 결정 덕분이었다.

신용카드 명세서가
당신에 대해 알려주는 것들

언뜻 생각하면 미니멀리즘과 돈의 관계는 자명해 보인다. 미니멀리스트는 덜 쓰고 더 저축한다! 하지만 이보다 훨씬 중요한 단계가 있다. 미니멀리스트는 소비를 통해 얻은 정신적·감정적 공간을 만끽한다. 공과금과 부채에 대한 걱정을 덜고 미래의 재정을 안정적으로 느낀다.

하지만 우리는 대부분 돈에 관한 미니멀리스트의 사고 방식을 타고나지 않는다. 그리고 놀랍게도 이를 배운 사람도 그리 많지 않다. 다음 전략들을 활용해 자신의 현재 습관과 미래의 재정 안정에 관해 생각하는 방식을 바꿔라.

"당신의 재정 생활을 영원히 통제할 방법은 근원적인 문제를 깊이 파헤치고 바로잡는 것뿐이다."

—수지 오먼Suze Orman(금융 전문가)

돈을 추적하기

지금껏 자신의 소비를 추적하지 않았다면 지난 6개월간

의 신용카드 명세서와 통장을 꺼내 엑셀이나 가계부 앱에 기록해라. 식비, 외식, 쇼핑, 차에 쓴 비용, 오락, 의료비, 건강 및 운동 등등 자신이 납득할 만한 범주를 기록할 칸을 만들어라. 명세서를 훑어본 다음 각 범주 아래에 지출을 기입하고 매달 새 탭을 만들어 구분하라. 이 작업이 끝나면 월별로 지출 합계를 낸다. 이 과제를 통해 매달 당신의 돈이 실제로 어디로 가고 있는지 파악할 수 있다.

소비는 가치관을 반영한다

핵심 가치를 다시 생각하라. 그 가운데 두 가지가 모험과 경이로움이라고 가정하자. 그런데 최근 지출을 보면 비행기 티켓이나 레저 활동비, 심지어 근처 주립 공원의 주차를 위해 결제한 적이 단 한 번도 없다. 여러분이 갈망했던 모험과 경이로움은 어디로 갔을까?

아니면 개방과 새로움이 핵심 가치에 속한다고 하자. 그렇다면 삶을 지켜보기보다는 삶을 경험해야 한다. 하지만 신용카드 명세서에서 보이는 것은 중국요리 배달과 영화를 보기 위해 십여 차례 결제한 것이 전부다. 소파에서 잠옷 바람으로 보았던 영화 말이다.

잠옷 바람으로 영화를 보는 것이 잘못은 아니지만 (나
도 영화를 좋아한다!) 지출을 추적해보면 실제로 시간과
돈을 어디에 소비하고 있는지, 당신의 선택이 가치관과
조화를 이루는지를 알 수 있다.

마음이 편안해지는 소비 생활

잠정적인 월간 예산을 세워라. 예컨대 식비 지출이 원하
는 것보다 더 많다면 (그리고 새로운 경험을 위한 지출은
거의 없다면) 식비와 오락비 예산을 조정해 당신이 소중
하게 여기는 것을 더 확실하게 반영하라. 처음 한 달 동
안은 예산에서 벗어나지 않도록 신용카드 명세서와 통장
내역을 되도록 자주 (최소한 매주) 확인한다.

예산을 다 세웠다면 평가 시간을 달력에 표시한다. 평
가 시간에는 지출을 검토하고 각 범주에 할당했던 액수
를 넘지 않았는지 평가한다. 자신의 욕구와 가치관, 소
비 습관을 더 정확하게 파악해보면 범주별 예산을 조정
해야 할 필요성이 발생할 수 있다. 장기적으로 재정 계획
을 실천하면 분수에 맞는 생활을 하는 것은 물론이고 자
신이 진정으로 소중하게 여기는 것에 돈을 쓸 때 따르는
마음의 평화를 느끼기 시작할 것이다.

소비 습관 들이기

인정하건대 바로 여기가 새로운 소비 습관에 대한 열정이 천천히 슬픈 죽음을 맞이하기 시작하는 지점이다……나만 이런 것은 아니라고 생각한다. 흔히 우리는 이러한 재정에 관한 글을 읽으면서 (혹은 일침을 놓는 TED 연설을 보거나 재테크에 밝은 친구와 대화를 나누면서) 자신의 소비 습관을 완전히 정복하겠다는 열의에 불탄다. 그래서 예산을 세우고 길게는 몇 달 동안 실천한다. 하지만 서서히 삶이 계획대로 흘러가지 않게 되면 불타던 열의는 사그라진다.

이 장애물을 극복하기 위해 내가 제안하는 해결책은 책임이다. 정확히 말하면 자신을 아는 것, 더 정확히 말하면 어떤 종류의 책임이 자신에게 가장 효과적일지 이해하는 것이다. 어떤 사람은 다른 사람에게 책임감을 느낄 일을 거절하는 반면에 그런 일을 좋아하는 사람도 있다. 혹시 남이 맡기는 외부적인 책임을 거부하는 경향이 있다고 스스로 생각한다면 끊임없이 자신의 가치관을 상기하며 자기 내면에서 책임을 찾아라. 다음 질문들에 대한 답변을 스스로 일깨워라.

- 계획적인 지출을 통해 내면에서 무엇을 성취하고 변화 시키고 싶은가?
- 내 소비를 지켜보는 것이 왜 그토록 중요한가?
- 재정 면에서 무엇을 우선시하고자 노력하고 있는가?
- 나는 어떤 종류의 사람이 되고 싶은가?
- 새로운 소비 습관이 우리 가족에게 어떤 면에서 이로 울까?

한편 누군가가 당신에게 책임을 맡겼을 때 최고의 성과를 거두는 타입이라면, 이 과정에 외부적인 책임을 포함시킬 방법을 떠올려라. 어떤 사람에게는 달력에 반복해서 표시하는 것만으로 충분할 수 있다. 그런가 하면 친구나 배우자(여러분의 월별 지출을 여러분과 함께 정기적으로 확인할 조력자)를 참여시켜야 할 사람도 있다.

카드를 긁기 전에 해야 할 일

1장에서 나는 우리가 흔히 자신의 감정에서 주의를 돌리기 위한 한 방법으로 쇼핑을 이용한다는 사실을 지적했다. 우리는 의식적이든 무의식적이든 간에 단골 매장이나 쇼핑몰을 둘러볼 때 분비되는 도파민을 원한다.

재정 상태를 개선하기 위해 취할 수 있는 가장 효과적인 조치가 사실은 '멈춤'처럼 간단한 일이라면 어떨까? 무언가 사고 싶을 때마다 하루나 한 시간, 심지어 5분만 기다린다면 어떤 일이 일어날까? 장담하건대 결제를 하는 일이 최소한 절반으로 줄어들 것이다. 쇼핑을 할 때마다 한 걸음 물러나 멈추고 자신의 핵심 가치를 되새기며 이 구매가 어떤 가치를 충족하는지 질문하라. 대개 그 물건이 전혀 필요하지 않다는 사실을 깨달을 것이다.

나와 어울리는 소비 생활

내게 미니멀리즘은 검소한 생활과 동의어가 아니다(물론 흔히 두 가지가 더불어 일어나기는 하지만 말이다). 미니멀리즘의 핵심은 돈을 몽땅 저축하는 것이 아니라 자신에게 어울린다고 느끼는 방식으로 돈을 지출하는 것이기 때문이다. 그렇다 해도 미니멀리스트가 되면 저절로 지출을 줄이게 되는 건 물론이고 돈을 의식적으로 소비하게 된다. 바라건대 당신이 다음 방법을 통해 돈을 절약해서 자신에게 가장 의미 있는 물건과 경험에 돈을 쓸 수 있으면 좋겠다.

- 식사 계획을 세워서(5장 참고) 식품 할인 행사를 활용하고 장 보는 횟수를 되도록 줄이며 가정에서 음식을 낭비하지 않는다.
- 공과금의 연체금을 내는 일이 없도록 온라인 자동이체를 계획한다(뇌에 공간을 비워라!)
- 유선 방송에 대금을 지불하는 대신 넷플릭스 같은 구독 서비스를 이용한다. 아니면 텔레비전 없는 생활을 시도해본다.
- 교회나 지역사회에서 실시하는 무료 행사에 참석한다.
- 자연에서 시간을 더 많이 보낸다.
- 여행하거나 외출할 때 간식을 준비해서 패스트푸드를 사먹지 않는다.
- 도시락을 싸서 출근한다.
- 어떤 물건이 필요할 때 빌리거나 무료로 얻을 수 있는지 가족과 친구에게 확인한다.
- 아이들의 옷을 친구와 교환할 수 있도록 준비한다.
- 전기나 수도, 가스 사용에 더욱 주의를 기울인다.
- 카풀을 하거나 대중교통을 더 자주 이용한다.
- 가까운 거리는 자동차를 이용하는 대신 걷거나 자전거를 이용한다.

미니멀리스트도 빚을 지나요?

신용카드와 부채를 처리하는 방식은 개인적인 결정이므로 나는 특정한 방법을 지시하기보다는 세 사람의 경험을 소개하고 싶다. 부채 문제에서 미니멀리스트의 선택을 한 사람들이다.

부채에 짓눌린다고 느껴지면 당장 도움을 청하고 미니멀리스트의 소비 방식을 따라해보자. 소비 습관을 바꾸어 부채를 청산하고 재정적인 자유를 위해 적극적으로 노력하라.

"5년 전 아내와 나는 매달 신용카드 대금을 완납하기로 결심했다. 우리는 여행을 좋아해서 여행 포인트를 적립해주는 카드를 사용한다. 매달 대금을 완납하기로 결심했으니 (긍정적인 의미에서) 어쩔 수 없이 소비를 관찰해야 한다. 돈이 모자라 대금을 완납하지 못하면 5년 연속 완납 신기록이 깨져버린다!"

—스티븐 N, 토론토

"20대 시절 내 돈 관리 습관은 형편없었다. 온갖 신용카드를 만들었고 항상 연체금을 물거나 리볼빙 서비스를 이용했다. 상황이 너무 악화되어 서른한 살에 부모님 집에 얹혀살게 되었을 때 나는 변화가 필요하다고 생각했다. 그래서 신용카드를 해지하고 직불카드만 사용했다. 직불카드는 내 잔고보다 더 많은 돈을 지출하려고 하면 승인이 거부된다. 3년이 지난 지금도 나는 신용카드를 만들지 않는다. 카드가 두세 장씩 있어도 괜찮은 사람이 많지만 내게는 단순함이 필요하다는 사실을 안다. 직불카드 한 장만 사용하면 한 곳에서 내 모든 거래 내역을 볼 수 있다. 지금은 이 방법이 내게 맞는 것 같다."

—마렌 S, 오하이오

"회계학을 공부한 덕분에 일상적인 소비에 신중하고 소비자 부채를 피하는 편이다. 반면에 부동산을 약간 소유하고 있는데 이를 담보로 융자를 받았다. 임대료로 융자를 조금씩 상환하고 있으며 임대가 되지 않아도 최대 6개월간 차압당하는 일이 없도록 잔고를 유지한다. 주택 담보 융자를 통해 내 장기적인 재정 안정을 뒷받침할 수 있으니 이를 불편하게 여기지 않는다."

— 앤드류 J, 산호세

내가 충동구매를 완전히 끊은 날

내가 공유한 여러 사례에서 알 수 있듯이 미니멀리스트의 재정에 왕도는 없다. 어떤 미니멀리스트는 주택 담보 융자금은 완납하면서 자동차에는 항상 융자를 낼 수 있다. 자동차가 그의 로망이기 때문이다. 또 다른 미니멀리스트는 창고에 자신이 매우 아끼는 (그리고 값싸지 않은) 예술품을 보관할 수 있다면 정말 '작은 집'이라도 기꺼이 살 것이다. 그림이 그 사람의 로망이기 때문이다. 어떤 미니멀리스트 가족은 집을 꾸미는 데는 알뜰하면서 형편이 허락하는 한 가장 좋은 물건을 살지 모른다. 또 다른 미니멀리스트 가족은 거의 언제나 중고 물건을 사면서 집은 여행 중에 구입한 의미 있는 소품으로 꾸밀 수 있다.

요컨대 미니멀리즘은 획일적인 방식이 아니다. 미니멀리즘의 핵심은 습관적으로가 아니라 목적을 가지고 재정적인 결정을 내리는 것이다. 반드시 필요하고 중요한 것에 돈을 지출하고 나머지는 잊어라. 이 방식을 통해 우리는 각자 자신의 가치관을 실천할 수 있다. 미니멀리즘에 대한 개념이 사람마다 제각기 다르다는 사실을 이해할 때 당신은 다른 사람들을 판단하지 않고 사랑과 존중을 선사한다. 지금까지 여러분의 재정과 가치관이 조화를 이룰 때 일어날 수 있는 마법을 탐구했으니 이제 더욱 깊이 파고들어가 쇼핑에 대한 이야기를 해보자.

나는 한 주 걸러 한 번씩 늘 그랬듯이 한손으로는 걸음마를 배우는 우리 아이가 카트의 안전벨트에서 빠져나가지 않도록 붙잡고 나머지 한손으로는 우리에게 필요한 물건을 집어서 카트에 던져 넣으며 창고형 매장을 돌아다녔다. 그러는 내내 당시 네 살이었던 우리 아들의 끝없는 질문들을 받아넘겼다.

"엄마, 오늘 수영복 사줄 거죠? 제발요."

"엄마, 이 샌들은 어때요?"

"아, 엄마, 이 레고 갖고 싶어요!"

원하는 게 많기도 하지! 나는 매장의 식품 구역을 향해 걸어가던 중에 카트를 내려다보다가 문득 거기에 담긴 물건들을 새로운 시각으로 살펴보았다. 어린이용 진통제, AA 배터리, 아들의 유치원 수업에 가져다줄 티슈 세 상자. 그것들은 문제가 없었다. 그런데 누군가의 인스타그램에서 보았다는 이유만으로 카트에 던져 넣은 신제품 헤어용품은 어떤가? 아니면 재고 정리 부활절 장식품은 어떤가? 물론 앙증맞은 물방울무늬 유리병은 '천 원 코너'에서 고른 것이었다. 그런데 나한테 유리병이 왜 필요하지?

어떻게 네 살짜리 아들이 지혜롭게 돈을 쓰기를 기대할 수 있을까? 나조차도 제대로 실천하지 못하는데. 나의 충동구매는 그날 종지부를 찍었다. 그날의 쇼핑은 미니멀 라이프로 향하는 내 길의 이정표가 되었다. 지금 당장 내가 가진 것에 만족할 수 없다면 더 많이 가진다고 행복해지지 않는다.

불편한 상황을 만들어라

결혼 정보 웹사이트 이하모니eHarmony는 수년 동안 사용자들에게 가입하기 전에 150개짜리 질문지를 작성하라고 요청한다. 그들은 이 과정이 장기적인 관계를 맺는 성공의 열쇠라고 말했다. 이 힘든 가입 과정을 통해 사랑할 대상을 찾아 30분을 투자할 의향이 없는 사람들이 자연스럽게 걸러진다. 내가 여러분을 결혼시키려고 애쓴다는 오해가 생길지 모르니 먼저 한 가지 질문을 던지겠다. 이하모니가 사용하는 불편함 전략을 이용해 쇼핑을 자제할 수 있을까?

한 독자는 최근 자신에게 가장 효과적인 해법은 매장이라고는 달러 트리Dollar Tree(미국의 저가 생활용품 매장—옮긴이)와 영세한 식품점이 전부인 지방으로 이사를 간 것이었다고 말했다. 그녀의 말에 따르면 가장 가까운 대형 매장에 가려면 거의 한 시간이 걸렸다. 불편했다는 말이다. 다른 조치로는 배송비용에 주의를 기울여야 하도록 아마존 프라임Amazon Prime(음악, 비디오, 도서를 제공하는 아마존의 유료 구독 서비스—옮긴이) 구독을 해지하는 것, 출근하거나 등교할 때 운전 경로를 바꾸어 매일 우리를 유혹하는 매장을 지나치지 않는 것, 혹은 매장 멤버십을 취소해 포인트를 적립받지 않고 광고물을 받지 않는 것 등이 있다. 아주 사소한 불편함이라도 우리를 저지할 수 있다. 이 사실을 여러분에게 유리하게 이용하라.

"나를 끊임없이 놀라게 만드는 한 가지는 단순한 편리함이 미치는 영향력이다. 어떤 행동에 요구되는 노력이나 시간, 의사결정의 정도가 습관 형성에 어마어마한 영향을 미친다. 편리하면 어떤 일을 할 확률이 눈에 띄게 커지고 그렇지 않으면 줄어든다."

—그레첸 루빈Grechen Rubin (『무조건 행복할 것』 저자)

광고와의 전쟁

광고가 얼마나 확산적인지(그리고 효과적인지)에 관해서는 이미 다루었다. 광고는 쇼핑을 더할 나위 없이 편리하게 만들었다. 예컨대 자전거나 무선 청소기를 한번 검색하면 페이스북에 자전거와 청소기 팝업 광고, 방문한 웹사이트의 헤더 광고, 그리고 인스타그램에 광고가 뜨기 시작할 것이다. 게다가 여러분이 살펴보았던 어떤 물건의 가격이 인하되면 몇 분 내에 광고가 이 사실을 알린다. 누구나 알다시피 할인 가격을 보면 클릭을 참기가 여간 어렵지 않다.

　이런 경우 확실한 해결책은 광고에 노출되는 양을 줄이는 것이다. 하지만 줄일 수 있는 방법은 해결책만큼 확실하지 않다. 다음과 같은 방법을 실험해보자.

- 기업 이메일 목록을 차단한다. '20퍼센트 인하' 쿠폰 코드의 힘은 도무지 거부하기 어렵다!
- 차단 장치를 이용해 온라인을 돌아다닐 때 접하는 광고의 양을 줄인다. 제3자 광고 수익에 의존하는 소기업과 1인 기업가가 많다 보니 이 방법에는 논란의 소지가 없지 않다. 따라서 이에 대한 대안으로, 방문할 웹

사이트를 더욱 까다롭게 선택하라. 자주 방문하는 웹사이트의 광고가 여러분의 소비에 막대한 영향을 미친다고 생각되면 그 웹사이트 방문을 잠시 쉬어라.

- 현재 가진 것이 충분하지 않다는 느낌을 심어주는 SNS 인플루언서나 구매를 유도하기 위해 끊임없이 제품을 공유하는 사람을 언팔로우한다.

- 예산과 개인의 가치관이 허락한다면 유튜브, 스포티파이 같은 구독 기반 계정을 광고 없이 볼 수 있는 서비스로 업그레이드한다.

- 미디어 소비를 전체적으로 줄이고 광고가 없는 책을 더 많이 읽는다.

소비 다이어트

(성공은 거두지 못했어도) 쇼핑 양을 줄이려고 노력한 적이 있거나 예산 내로 지출하려고 애쓰고 있다면 소비 다이어트가 특효약일 수 있다. 다이어트 범위는 직접 정할 수 있다. 얼마 동안 소비 다이어트를 하고 싶은지와 정확히 어떤 종류의 쇼핑을 끊고 싶은지를 선택하라.

한 독자는 남편이 출장을 떠날 때마다 소비 다이어트를 실행한다고 말했다. 그녀는 소비 다이어트를 게임으로 만들어 남편이 없는 달에 돈을 얼마나 적게 쓸 수 있는지 시험한다. 또 다른 독자는 새 가구나 소규모의 집 수리처럼 거액을 지출할 경우에 대비해 소비 다이어트를 실행한다고 말했다. 다른 구매를 모조리 단식하면 목표액에 훨씬 더 빨리 도달해서 신용카드를 사용하지 않을 수 있다. 스웨덴에 거주하는 음악가인 한 독자는 최근 (팀과 에밀리 부부와 비슷하게) 꼬박 1년 동안 새로운 구매를 완전히 끊고 반드시 필요한 용품과 여행 같은 경험에만 돈을 지출했다.

"내게 남아 있던 약간의 빚이 사라졌다. 행사에 입고 갈 옷 때문에 고민하지 않았다. 남동생 결혼식을 제외한 모든 행사에 청바지와 검은색 윗도리를 입고 갔다. 남동생 결혼식에는 원래 가지고 있던 원피스를 입었다. 외모에 신경 쓰는 일이 적어졌다. 더 이상 그저 옷차림이 비슷하다는 이유로 나와 비슷한 사람이라고 판단하지 않았다. 그러다 보니 그해에 사회생활의 폭이 부쩍 넓어졌다. 처음 만난 사람에게 나를 소개했다. 온갖 연령의 새 친구들과 출장을 다녔다. 어쩌면 가장 좋은 일은 쇼핑 휴지기 덕분에 시간이 매우 많아졌다는 사실일 것이다!

나는 더 이상 행사에 입고 갈 옷을 고르지 않고 광고 우편을 받을 때마다 몇 분씩 세일 소식을 훑어보지 않는다. 중요하지 않은 결정을 내리고 결국은 중요하지 않을 물건을 사느라 얼마나 많은 시간을 허비하는지 깨달았다."

— 에린 에드워즈, 스톡홀름

옷장의 평균점수

'영 하우스 러브' 블로그와 팟캐스트로 널리 알려진 셰리 피터식Sherry Petersik에게서 전해들은 이 개념은 이후 줄곧 내 머리를 떠나지 않았다. 셰리는 옷장을 매우 간소하게 유지하며 맞춤새와 품질, 그리고 개인의 미적 취향 면에서 10점 만점에 10점이라고 생각되는 옷만 소유한다. 새 물건을 살지 말지를 고민할 때 그녀는 새 옷을 살 경우 옷장 평균이 10점으로 유지될까 아니면 평균이 떨어질까를 생각해본다. 괜찮기는 하지만 마음에 쏙 들지는 않아 7~8점 정도로 평가되는 옷을 산다면 평균이 떨어질 것이다. 그녀의 목표는 옷장 평균 점수를 10점으로 유지하는 것이다.

　지금 우리의 옷장은 대부분 10점 만점에 10점은 아니다. 하지만 현재 어떤 종류의 구매를 놓고 고민하든 혹은 내 '평균'이 어느 정도이든 상관없이 이 전략은 매우 효과적이다. 장기적으로 내 옷장의 평균점수를 끌어올리고 싶다면 나는 의도적으로 양보다는 질에 투자할 것이다.

가성비보다 중요한 것

난생처음 홀로 떠나는 해외여행을 준비하고 있을 때 할머니는 신발을 사주려고 나를 고급 백화점에 데려갔다. 나는 확신이 없는 목소리로 "이거 어때요?"라고 물었다. 할머니는 내가 처음 보는 반짝이는 눈으로 "그래! 그거야."라고 대답했다. 할머니가 옳았다. 내 손에 들려 있던 신발은 편안함과 맵시가 완벽하게 조합을 이루었다. 내구성이 뛰어나다는 평판을 받는 브랜드의 신발이었다. 하지만 신발 바닥에 붙어 있는 가격은 어땠을까? 내가 평소 신발에 들이는 돈보다 훨씬 큰 액수였다.

할머니는 믿음직한 신발(내 마음에 쏙 든 신발) 하나 없이 나를 유럽에 보낼 수는 없다고 고집하셨다. 할머니는 결국 그 신발을 사주셨다. 할머니는 모르셨지만 그때부터 내 쇼핑 방식은 완전히 바뀌었다. 나는 구매하는 양을 조금씩 줄이는 대신 내 마음에 드는 것, 즉 오래 갈 것이라고 믿을 수 있는 물건을 사기 시작했다.

몇 번만 빨면 금세 해질 셔츠 세 벌을 재고 정리 세일에서 사고 싶은가? 아니면 몇 년 동안 좋아할 만한 잘 만든 옷 한 벌을 가지고 싶은가? 편의점에서 구할 수 있는 화장품을 구입하겠는가? 동물 실험을 하지 않으며 유독 물질이 없다고 확인된 화장품을 구입하겠는가? 사용 후기가 평범하고 몇 달 지나면 수리하거나 교체해야 해야 할 블렌더를 구입하겠는가? 지출은 더 많겠지만 최고의 평점을 받았을 뿐만 아니라 살림의 고수인 친구가 추천한 블렌더를 구입하겠는가?

상황을 불문하고 최고급을 구입하는 것이 항상 적절하지는 않겠지만 여러분의 가치관에 어울리는 구매라면 양보다는 질에 끌리는 경우가 더 많을 것이다. 이런 선택은 결과적으로 돈을 절약하고 낭비를 줄이며 정신적인 공간을 선물해준다.

최신품을 소유하지 않는 것을 편안하게 여겨라

이 방법이 앞에 소개한 방법과 모순되는 것처럼 보이긴 해도 두 방법이 공존할 수 있는 것은 '의도' 때문이다. 삶의 한 영역에서는 자신이 감당할 수 있는 최상품을 의도적으로 선택할 수 있고, 또 다른 영역에서는 당신이 가진 것에 만족하겠다고 의도적으로 선택할 수 있다. 두 가지 선택 모두 미니멀리스트의 것이며 언제 어디에 무엇을 적용할지는 당신이 결정할 몫이다.

이 방법을 실천하기가 무척 어려운 이유는 다른 사람의 시선을 의식하지 말아야 하기 때문이다. 1998년부터 타던 자동차를 매일 끌고 다니면 직장동료가 당신의 재정 상태를 오해할 수 있다. 친구들은 모두 가깝고 깨끗한 신도시에 사는데 여전히 오래된 동네에서 산다면 아이들이 약간 창피해할 수도 있다.

한번은 한 친구가 이런 말을 한 적이 있다. 가령 어떤 매장이나 레스토랑에 들어갔는데 직원이 자신을 보고 그 자리에 어울리지 않는 사람이라고 생각하는 것 같으면 자기는 기분이 좋아진다고 했다. 그 얘기를 듣고 약간 놀랐던 기억이 난다. (나를 포함해) 우리는 대부분 자신이 어떤 자리에 어울리지 않는다는 느낌을 특별히 즐기지는 않으니 말이다. 내가 이유를 묻자 친구는 이런 모든 순간이 만족과 내면에서 나오는 조화로움을 실감할 기회이기 때문이라고 대답했다. 자신의 삶이 자신의 가치관에 어울린다는 사실을 깨달을 때 다른 사람의 인식 따위는 쉽게 뒷전으로 밀어둘 수 있다.

지금 당장 내가 가진 것에
만족할 수 없다면
더 많이 가진다고
행복해지지 않는다.

감사하는 마음이 뇌에 미치는 영향

편안함과 즐거움을 얻기 위해 쇼핑에 의존하는 사람들에게 대단히 강력한 대체요법을 제안하고 싶다. 감사가 뇌에 미치는 효과(스트레스 해소와 수면 개선부터 불안과 우울증 증상 감소에 이르기까지)에 대한 새로운 연구 결과는 그야말로 환상적이다.

내가 소비와 관련해 가장 매력적이라고 생각하는 것은 쇼핑과 감사의 실천, 이 두 활동이 모두 도파민을 분비시킨다는 단순한 진실이다. 도파민은 예상치 못한 좋은 일이 일어났을 때 활성화되는 뇌 신경전달물질이다. 앉아서 감사 일기를 쓰는 것보다 신발 쇼핑이 좀 더 매력적으로 들릴 수 있다. 하지만 감사 일기를 쓰고 그에 따르는 긍정적인 감정에 빠지는 일에 도전해본다면 그 결과로 얻을 수 있는 행복은 새 신발을 샀을 때 느끼는 쾌감보다 훨씬 더 오랫동안 지속될 것이다.

게다가 하루에 한 번, 아니면 일주일에 한 번만이라도 계속 이를 실천한다면 긍정적인 효과가 배가될 것이다. 이를테면 뇌가 감사하는 일에 초점을 맞출 수 있다면 자연히 부정적인 생각을 몰아낼 수 있다. 그뿐만 아니라 뇌는 우리가 이미 믿는 것이 진실임을 입증하는 증거를 끊임없이 찾는다. 따라서 정신은 삶에서 좋은 것(난로의 온기, 집으로 오는 길에 비를 막아준 우산)을 규칙적으로 찾아냄으로써 감사해야 할 훨씬 더 많은 대상을 발견할 것이다.

물욕에 가려진 것들

항상 물질적인 욕구에만 초점을 맞춘다면 사소한 것에 담긴 아름다움을 찾아낼 수 없다. 아침에 집을 나설 때 코끝에 닿는 공기 냄새, 저녁을 차리는 동안 부엌 창밖으로 보이는 아련한 핑크빛 하늘, 하루 일과를 끝낼 무렵 배우자가 쓰레기통 비우는 소리(당신이 비울 필요가 없다), 자연의 힘, 인간의 손길로 연결된 관계, 사랑하는 사람들과 함께 먹는 식사. 이는 모두 우리가 사고 싶은 물건에 집착할 때 관심 밖으로 밀려나곤 하지만 항상 존재하는 기본적인 것들이다.

7장

미니멀 라이프가 준
뜻밖의 선물, 시간

:시간의 변화

46쪽으로 돌아가 시간에 대한 당신의 비전에 가장 적합한 세 가치를 찾아라. 7장의 전략을 실행할 때 지침으로 삼아야 할 가치들이다.

1. _____
2. _____
3. _____

다음 질문에 대답해보자.

- 자신이 시간을 보내는 방식을 생각할 때 어떤 기분을 느끼고 싶은가?
- 주로 시간을 어떻게 사용하고 싶은가?
- 항상 시간이 부족하다고 느낀다면 그 이유는 무엇인가?

••••

나는 왜 늘 시간이 없을까?

기억이 무엇을 간직하고 무엇을 사라지도록 내버려두는
지는 흥미로운 문제다. 대학 때 들었던 인상적인 강의가
있다. 사실 그 강의의 주제나 강좌명조차 기억하지 못한
다. 교수님의 얼굴 생김새도 묘사할 수가 없다. 하지만
교수님이 내 뇌리에 남은 말을 할 때 한 팔을 책상에 걸
치고 몸을 기울이던 모습은 확실히 기억한다. 확신컨대
교수님과 다른 학생들에게는 그저 지나가는 말에 지나지
않았을 테지만, 내게는 마치 합창단 속에 서 있는 축구
선수처럼 인상적으로 남아 있다. 한 학생이 요즘 너무 바
쁘다는 이야기를 하자 교수님은 이렇게 대답했다. "여러
분은 지금 바쁘다고 생각하겠지. 하지만 기다려보게. 지

금은 바쁜 것의 맛만 본 것이거든."

속으로 나는 교수님의 말에 선뜻 동의하지 않았다. 당시 나는 일을 하고, 수업을 여러 개 듣고, 장학금을 신청하고, 아프리카에서 여름을 보낼 준비를 하고, 인간관계를 위해 약간의 틈을 내려고 애쓰고 있었다. 나는 이렇게 생각했다. '이건 누가 봐도 바쁜 거지. 교수님은 그냥 예전에 어땠는지 잊으신 거야.'

하지만 그 교수님의 말은 전혀 틀리지 않았다.

그 시절은 바빴지만 그런 부류의 바쁨은 완전히 스스로 만든 것이었다. 이후 나는 성인기로 더 깊이 들어갈 때마다 자신은 물론이고 다른 사람의 욕구에 대처해야 한다는 사실을 실감했다. 우리에게는 돕고 싶은 친구와 가족, 봉사하고 싶은 교회와 학교, 그 밖의 단체가 있다. 책임감을 가지고 대해야 할 상사와 동료가 있다. 아이가 있는 사람은 아이의 물리적·정신적 욕구까지 챙겨야 한다. 조금씩 우리가 돌봐야 할 사람들이 많아진다. 충족시켜야 할 욕구가 많아진다.

이런 욕구에 하나씩 대처할 때 자동적인 생각의 흐름에 의존하기 쉽다. 세탁소에 들르고, 장을 보고, 약을 타왔나? 확인 끝. 이 지역 최고의 의사를 알아봤던가? 상사에게 부탁받았는데⋯⋯ 그래서 확인 끝!

수십 년을 이런 식으로 살다가 문득 주위를 돌아본다. 다른 사람의 욕구를 충족시키고 해야 할 일을 끝냈는지 확인하며 너무 애쓴 나머지 이제 내 시간이 진짜 내 것이 아닌 것 같다. 지금껏 자신의 시간을 주변의 모든 사람과 모든 일에 나누어주었다. 목적을 가지고 자신의 나날을 사는 일을 그만두었다. 7장의 목적은 두 가지다. 자신의 시간을 되찾으라고 당신을 격려하는 한편 그 방법을 모색할 수 있는 전략을 제시하는 것이다.

시간이 늘어나는 마법의 단어, '아니요'

팀장이 오늘 누구 한 사람이 꼭 야근을 해야 한다고 말하자 모든 팀원이 갑자기 딴전을 피운다. 이럴 때 당신은 손을 드는 사람인가? 누군가 당신은 공감하지 않는 대의명분에 동참해달라고 부탁한다. 거절하고 싶은데도 동의하는가? 다른 사람의 시선을 의식해서 '아니요'라고 말해야 할 때 '예'라고 말하는 경향이 있는가?

다른 사람에게는 지나치게 헌신하고 자신에게는 헌신

다른 사람이 기대하는 삶이 아니라
자신이 원하는 삶을 살 수 있는
용기를 내기를.

하지 않는 사람이 너무나 많다. 이제 내면의 목소리에 귀를 기울이자. 심장이 속도를 줄이고 더 집중하는(그래서 궁극적으로 영향력이 더 큰) 삶의 방식으로 우리를 이끈다면 미친 듯이 빠른 속도로 사는 일은 이제 그만두자. 휴식과 자기 돌보기, 그리고 균형을 원하는 자신의 욕구를 존중하자. 다른 사람들이 기대하는 삶이 아니라 자신이 원하는 삶을 살 수 있는 용기를 내자. 자신의 비전에 다다를 수 있도록 의식적으로 시간을 활용하자.

잃어버린 시간을 찾아서

이제 어떤 일을 '왜' 하는지를 생각하지 않고 한 가지 일에서 다음 일로 뛰어다니는 일을 그만둘 때가 왔다. 다른 사람이 나를 쥐고 흔드는 상황에서 벗어나야 할 때가 왔다. 자신의 바람과는 달리 바삐 움직이고 있다면 자신의 역할을 확인하라. 내 인생의 주인공은 나다. 나의 시간을 되찾고 주도권을 잡겠다고 결심하라.

우선순위를 정하라, 우선순위를 정하라, 우선순위를 정하라

백 번을 강조해도 부족하다. 전략적으로 우선순위를 정하지 않으면 미니멀리즘은 불가능하다. 사실 미니멀리즘이란 전략적으로 우선순위를 정하는 일이다. 돈을 소비하는 방식부터 인간관계, 우리의 소명이라고 느끼는 일까지 모든 것의 우선순위를 정하자. 하지만 무엇보다 우선순위를 정해야 하는 것은 시간이다. 하루의 매순간을 어떻게 보내는지에 따라 삶의 궤적이 달라지기 때문이다. 자신의 가치관을 가장 먼저 생각하며 그것을 뒷받침할 일들에 우선권을 주어라.

'아니요'의 어마어마한 힘

아무리 여러 번 해봤어도, '아니요'라고 말할 때면 여전히 나는 가슴이 철렁 내려앉는다. 나는 사람들을 돕고, 팀 플레이어가 되고, 대의명분에 기여하고, 그리고 솔직히, 사랑받고 싶다. 하지만 이런 감정들보다 내 본질에 충실하고 싶다는 소망이 더 강렬하다. 나는 내게 어울린다고 느껴지는 삶을 살고 싶다.

마음 깊은 곳에서는 '아니요'라는 사실을 알면서 '예'라고 말했던 때를 모두 떠올려보자. '아니요'라고 답하는 것이 불편한가? 당연히 그렇다. 하지만 나는 '아니요'라고 답해야 하는데 '예'라고 말할 때 느끼는 불협화음이 결국 솔직한 '아니요'보다 훨씬 더 불편하다는 점을 기억하려고 노력한다.

나는 '아니요'라고 말하는 것은 더 중요한 일에 '예'라고 말하는 것이라 생각하려고 무척 노력한다. 즉 아이들과 함께 보내는 나른한 오후, 내 관심을 끄는 창의적인 일, 그리고 한 가족으로서 탐구하는 주말에 '예'라고 답하는 것이다. 내가 그들 곁에 살고 있을 때 느끼는 평화와 조화에 대한 '예'다. 더 크고 대단한 '예'인 것이다.

"딱 한 번만 자신에게 모든 일을 처리하려 노력하지 않아도 된다고, 모든 사람에게 '예'라고 말하지 않아도 된다고 허락한다면 진정으로 중요한 일에 크게 공헌할 수 있다."

―그렉 맥커운Greg McKeoun(『에센셜리즘』 저자)

계획을 세워야 자유로워진다

계획에 관해서라면 나는 좀 별나다(추측건대 나만 그런 것이 아닐 것이다). 나는 조직에서 실력을 발휘하며 앞으로 일어날 일을 예상할 때 가장 차분해진다. 하지만 다른 한

편으로 나는 일정을 완전히 무시하고 자유롭게 존재하고 싶다.

아이러니하지만 미니멀리즘은 이 두 가지를 모두 충족시키도록 돕는다. 관심이 있는 대상에 우선권을 주고 이들을 위한 시간을 마련할 때 나는 방향성과 조직성, 명료성을 발휘한다. 그런 반면에 나는 배회하고, 춤추고, 돌아다니고, 호기심을 좇을 수 있는 여유를 가지고 있다.

계획을 세울 시간을 가져라. 그러면 자유로운 시간이 더 많아질 것이다. 나는 수년에 걸쳐 나만의 시스템을 확립했다. 매주 일요일에 30분을 할애해 다음 주 업무 일정과 가족의 계획을 검토하고 남편이나 베이비시터에게 필요한 일을 전달하며 할 일 목록을 업데이트한다. 나는 스마트폰의 리마인더스Reminders에 해야 할 일 목록을 지속적으로 적는다. 각자 편리한 공간에 목록을 적을 수 있다. 계획을 잘 세운 경우에는 일상이 더 원활하게 흘러간다. 그러면 있는 그대로 존재할 수 있는 자투리 시간이 더 많이 생긴다.

매일 중요한 과제 세 가지를 선택하라

매일 일과를 시작하기 전에 그날의 중요한 과제 세 가지를 선택해라. 세 가지 과제가 분명한 날('배관공과 약속을 잡을 것')이 있는가 하면 그리 분명하지 않은 날('오늘 가족을 매우 반갑게 맞이하고 배웅할 것')이 있을 것이다.

앞서 언급했듯이 나는 해야 할 일 목록을 지속적으로 적는다. 생각날 때마다 해야 할 일을 적으면 내 머릿속에서 온갖 일들이 아우성치지 않는다. 매일 세 가지 핵심 과제에만 초점을 맞추면 해야 할 일을 얼마나 많이, 혹은 얼마나 적게 처리했는지는 상관없이 가장 중요한 일에 에너지를 쏟았다고 스스로 만족하며 일과를 마무리할 수 있다.

파워 아워를 만들어라

우선순위에 더 많은 시간을 할애할 수 있는 또 다른 방법이 있다. 파워 아워Power Hour를 규칙적으로 실천하면 임무를 확실히 처리할 수 있다. 일명 '하나로 묶기' 전략이다. 내가 생각하기에 이 전략은 치과 진료 예약, 국세청에 전화하기, 메일 처리하기, 아이들 학원 알아보기, 받은 편지함 정리하기 등 항상 뒤로 미루는 임무에 특히 유용하다. 한 시간 동안 타이머를 맞추고 그 파워 아워 동안 얼마나 많은 일을 해치울 수 있는지 지켜보라. 머릿속의 소중한 공간을 차지하고 있는 성가신 임무를 다 처리하면 홀가분하게 다른 일에 집중할 수 있다.

우리는 쉽게 착각한다

흥미롭게도 우리는 이따금 더 의미 있는 일을 처리하지 않으려는 그럴싸한 핑계로 앞서 나열한 방법들을 이용한다. 가령 2,000자 에세이를 써야 한다고 하자. 당신의 열정을 불러일으키는 주제에 관한 에세이지만 시작하지 못해 애를 먹고 있다. 4장에서 살펴보았듯이 인지능력이 요구되는 일에 적합한 마음상태로 들어가려면 상당한 의지력과 집중력이 필요하다. 그런데 갑자기 치과 진료를 예약하는 것이 더 바람직한 일이자 확실히 '매우 중요한' 일처럼 보인다(아니면 스스로 그렇게 되뇐다).

이것이 파워 아워가 매우 효과적인 또 다른 이유다. 해야 할 일 가운데 사소한 일이 방해 요소로 떠오르면 파워 아워를 이용해 이를 처리하고 그것이 차지하는 정신적 공간을 제거하라. 그러면 더 중요한 과제에 대처할 수 있는 공간이 넓어진다. 당장 처리하기가 어렵다면 다음번 파워 아워를 이용하면 된다고 생각 하자. 그러면 자신의 우선순위는 더 중요한 업무라는 사실을 스스로 일깨울 수 있다.

업무와 해야 할 일 이외에 당신의 진정한 관심사를 방해하는 일은 무엇인가? 배우자와 가까이 앉아서 이야기를 나눌 수 있는 에너지를 진심으로 원하면서도 매일 밤 넷플릭스에 빠져 있는가? 한가한 시간이 생길 때 전자책 앱을 열어 질 높은 독서를 하고 싶은데 시간을 잡아먹기 일쑤인 다른 앱을 여는가?

그 밖에 흔히 볼 수 있는 방해 요소로는 SNS 하기, 온라인 게임 하기, 스포츠 시청하기, 먹거나 마시기, 온라인 쇼핑, 문자와 이메일에 답장하기 등등이 있다. 이 모든 일이 그 자체로 마냥 나쁘다는 것은 아니다. 그러나 미니멀리즘이란 지금 당장 원하는 것이 아니라 가장 간절히 원하는 것을 선택하는 법을 배우는 일이다.

앞으로 무심코 방해 요소에 넘어갔다는 느낌이 들면 (무언가를 살 때 내가 권했던 방법처럼) 의식적으로 멈추어라. '이것이 진정으로 내가 우선시하고 싶은 일인가? 아니면 내 시간을 투자해 하고 싶은 다른 일이 있을까?'라고 자문하라.

1년 뒤에도 중요한 일일까?

방해 요소를 확인하는 한 가지 방법으로 '1년이 지나면 이것이 중요할까?'를 생각할 수 있다. 우리가 지나치게 집중하는 일(아이의 과학 과제, 몸무게를 2킬로그램은 더 빼야 한다는 집착, 적절한 흰색 페인트를 선택하기 위한 고민)은 지금부터 1년이 지나면 단 1초도 더 생각할 만한 가치가 없을 것이다. 무언가에 연연해하는 내 모습을 깨달을 때 이 질문을 떠올리면 그 문제에 시간과 주의를 쏟을 가치가 있는지 파악할 수 있다. 그렇지 않다고 판단되면 집착을 버리고 내 가치관이나 비전에 더 어울리는 무언가를 향해 에너지를 조정할 수 있다.

고치지 말고 해결하라

미니멀리스트는 어떤 일이 자신의 장기적인 비전에 도움이 된다면 지금 그 일에 기꺼이 시간과 에너지를 투자하는 데서 그치지 않는다. 가격이 저렴한 물건을 사서 여러 번 고쳐 쓰기보다는 질 좋은 물건을 사기 위해 기꺼이 더 많은 돈을 지출한다. 고치는 데는 시간이 많이 들지 않지만 대체로 일시적인 해결법이다. 자전거 타이어를 완전히 교체하는 대신 타이어를 때우는 것과 비슷하다. 해결하려면 당장은 더 많은 노력이 필요하겠지만 장기적인 해결책은 지속력이 있으니 결국에는 시간과 노력이 절약된다.

몇 년 전 나는 어떤 글에서 아이들의 아침 일과에 '고치지 말고 해결하라'를 적용한 한 여성의 사례를 읽었다. 그녀는 아이들에게 등교하기 전 일과의 구체적인 방법과 순서를 가르치기 위해 무척 노력했다. 옷 입기, 아침 먹기, 도시락 챙기기, 양치질하기 등을 스스로 할 수 있도록 훈련시키는 것은 결코 간단한 일이 아니었다. 노력의 결과 아이들은 엄마의 도움 없이도 혼자 잠에서 깨어 준비하고 차를 탈 수 있게 되었다. 덕분에 그녀는 아이들을 어르고 달래고 잔소리하고 도와주느라 허비하는 숱한 시간을 아낄 수 있었다.

지금 당장 약간 더 노력하면 지속적인 해결책을 찾을 수 있는데 끊임없이 무작정 고치고만 있는 일이 있는지 생각해보자.

가끔은 몽상에 빠져라

디지털 기기 중독이 얼마나 당신의 인생을 방해하고 있는지는 굳이 말할 필요가 없다. 당신이 직접 경험하고 있으니 굳이 나까지 나설 필요가 없다. 방에서 다른 방으로 걸어가는 그 짧은 시간에도 스마트폰을 내려다보는 당신은 방해를 받는다. 대화를 나누면서 앱의 알림 소리에 신경을 쓰는 친구와 함께 있을 때 매번 경험한다. 아무리 말을 건네도 손에 쥔 태블릿만 멍하니 쳐다보는 아이를 볼 때 경험한다.

당신도 이미 아주 잘 알고 있다. 내가 묻고 싶은 것은 정신이 배회할 여유를 주는 것의 가치를 알고 있느냐는 것이다. 거의 언제나 당신의 손에는 스마트폰이 들려 있고 귀에는 이어폰이 꽂혀 있고 손가락 끝에는 키보드가 닿아 있다. 그 바람에 몽상에 빠지는 일이 얼마나 적은지 생각해본 적이 있는가?

우리가 몽상에 빠질 때 뇌는 당면한 과제에서 멀어져 인간관계나 진로의 방향처럼 삶에서 더 중대한 문제로 넘어가기 시작한다. 그것은 매끄러운 자갈을 한 손에서 다른 손으로 툭 던지면서 눈앞에 펼쳐진 광경을 감상하는 시간과 비슷한 순간이다. 전자 기기 중독에서 벗어나면 시간이 생기는 것은 물론이고 문제 해결 능력이 향상된다. 내가 전하는 유일한 경고는 이것뿐이다. 뇌 속에서 매우 익숙한 부정적인 통로를 따라 정신이 배회하는 일이 없도록 노력하라. 그렇지 않으면 부정적인 생각이 무의식 속에 더욱 깊이 새겨질 것이다. 친숙하지만 해로운 생각에 빠진 자신을 발견했을 때 좀 더 긍정적인 대안으로 천천히 옮겨가는 명상 기법을 실험하라. 부정적인 생각이 떠나지 않는다면 고도로 집중해야 하는 건설적인 활동을 찾음으로써 몽상 모드를 끝내라.

몸이 보내는 신호를 무시하지 말 것

앤은 정원을 가로질러 현관 계단을 오르는 남편과 아이들을 자동차에 앉아 지켜보았다. 그녀가 인도를 지나기도 전에 그들은 식료품을 들고 집으로 들어갔지만 오늘 그녀는 홀로 남겨지는 것이 싫지 않았다. 혼자서 해내고 싶었다.

그녀는 양손에 목발을 짚고 이따금씩 한 발을 질질 끌면서 천천히 집으로 들어갔다. 그리고 마침내 누구에게 업히지 않고 계단을 올랐다는 사실에 뿌듯해했다.

내 친구 앤이 항상 목발이나 보행 보조기, 휠체어에 의지한 것은 아니었다. 하지만 앤의 뇌와 몸의 연결점이 끊어지는 바람에 지금 앤의 발걸음은 예전보다 한층 느리다. 그리고 그녀의 생활도 덩달아 느려졌다.

주변에서는 앤을 걱정했지만 오히려 그녀는 조금씩 자유로워지는 자신을 발견하고 있다고 말한다.

"처음에는 삶이 나를 흙구덩이에 버려놓고 지나쳐버렸다고 느꼈다. 하지만 한 걸음 한 걸음 목발을 내디디며 아주 조금씩 줄어들어 기본적인 것들만 남은 삶이 아름답다는 사실을 깨달았다. 일주일에 한 번 외출할 수 있는 에너지밖에 없고, 운전도 못 하고, 화장실에 가야 할 때 도움을 받아야 한다는 사실이 매력적이어서가 아니다. 내가 지키기로 선택한 것들에 흠뻑 잠길 수 있는 여유가 생겼기 때문이다. 바쁜 생활 때문에 이런 순간을 음미하지 못한다면 바쁘지 않아도 괜찮지 않겠는가."

속도를 늦추어야 할 필요성을 우리의 몸이 얼마나 자주 알려주는지를 보면 깜짝 놀라게 된다. 뭉친 어깨나 가시지 않는 피로, 이따금 찾아오는 편두통처럼 사소한 신호가 있고, 공식적인 의사의 진단이나 신경쇠약 같은 심각한 신호도 있다. 몸이 보내는 모든 메시지에 귀를 기울이려고 노력하라. 영혼은 숨을 쉬어야 한다. 쉴 새 없이 한 가지 일에서 다른 일로 뛰어다닌다면 어떻게 숨을 쉬겠는가? 여백의 순간을 만드는 방법을 참고하자.

- 직장의 복사기 앞이나 식품점의 계산대 앞 등 어디에
  서든 줄을 서 있을 때 스마트폰을 꺼내고 싶은 충동
  을 참아라. 대신 존재하는 순간을 가져라. 몇 차례 심
  호흡을 하고 주변의 광경과 냄새, 소리에 주의를 기울
  여라. 아니면 정신이 그저 배회하도록 내버려두어라.
- 익숙한 길을 운전하는 동안 위와 똑같이 의식적으로
  존재하는 연습하라. 라디오와 팟캐스트, 오디오북을
  끄고 그저 당신이 존재하는 곳에 존재하라.
- 스마트폰 알림을 차단하면 얼마나 많은 시간을 되찾을
  수 있는지 주목하라.
- 약속이나 볼일의 일정을 너무 촉박하게 정하지 마라.
  그러면 바쁘게 움직여야 하거나 시간이 부족해 한 가
  지 일도 완벽하게 처리하지 못할 것이다. 가능할 때마
  다 중간중간 숨 돌릴 시간을 가져라.
- 가족들 중에서 가장 먼저 일어나 고요한 몇 분의 시간
  을 음미하고 하루 일과를 맞이할 마음의 준비를 하라.
- 일과가 끝나면 감사한 일 세 가지를 일기에 적어라. 이
  는 그날 자신이 한 일을 돌아보고 일상에서 아름다움

을 찾도록 정신을 훈련시키는 완벽한 방법이다.

- 매일 밤 마음을 진정하고 긴장을 푸는 의식을 만들어 실행하라. 아무리 시간이 없어도 잠자리에 들기 전에 몇 분 동안 손에 로션을 바르거나 아로마 향을 맡아라. 따뜻한 허브 티 한잔을 마시거나 일기를 써라. 자신을 돌보는 시간이라고 느낄 만한 일이라면 뭐든지 좋다.

당신은 이미
필요한 모든 시간을 가지고 있다

내 일기장을 펼쳐보면 짧은 문장 하나가 여기저기에 반복해서 쓰여 있는 것을 발견할 수 있다.

"나는 내게 필요한 모든 시간을 가지고 있다."

1년이 넘도록 곱씹고 있는 문장이다. 불필요한 것을 걷어내고 가장 중요한 것에 초점을 맞추려고 노력한 덕분에 나는 대부분의 상황은 내 힘으로 통제할 수 없다는 사실을 깨달았다. 하지만 내가 생각하는 방식은 스스로 통제할 수 있으며 온전히 내 것이다.

시간 관리 전략을 통해 당신은 놀라운 변화를 경험

할 것이다. 하지만 사고방식을 바꿔야지만 그 어느 때보다 큰 폭으로 발전한다. 늘 '시간이 없다'는 말을 입에 달고 다닌다면, 자신에게 이미 충분한 시간이 있다고 믿어보자. 시간이 충분하지 않다는 믿음을 접으면 쓸 수 있는 시간이 늘어나고 확장된다는 사실을 발견하게 될 것이다.

8장

나에게 필요한 사람만
남기는 기술
:인간관계의 변화

자신의 가치 나무를 다시 살펴보고 '인간관계' 영역의 핵심 가치를 아래 빈칸에 적어라. 8장의 전략을 실천할 때 지침으로 삼아야 할 가치들이다.

1. _____
2. _____
3. _____

다음 질문에 대답해보자.

- 다른 사람과의 관계에서 어떤 기분을 느끼고 싶은가?
- 인간관계에 대해 어떤 비전을 품고 있는가?
- 사람을 만날 때 당신이 원하는 기분을 느끼지 못하도록 가로막고 있는 것은 무엇인가?

••••

담백하고 단단한 인간관계의 힘

나는 친구들과 보조를 맞추어 자전거 바퀴를 돌리면서 "할 만해?"라고 말했다. 한 친구가 대답했다. "글쎄. 아직 울진 않았어. 그러면 됐지, 뭐!" 다른 친구가 웃으면서 "나도 마찬가지야."라고 말했다. 우리는 헬스장에 새로 생긴 스피닝 수업을 들으며 농담을 나눴다.

성인이 된 이후 내내 나는 이런 친구관계를 꿈꿨다. 내 모든 것을 숨김없이 드러낼 수 있고, 그래도 친구들이 겁을 먹고 도망가지 않을 것이라고 한 점의 의심도 없이 믿을 수 있는 친구관계를 간절히 원했다. 헬스장 자전거에 앉아 우리는 스트레스, 결혼 생활의 기쁨, 자녀 양육, 삶의 소소한 일에서 목적을 찾으려는 노력, 사랑하는 사람들의 건강 문제에 대해 털어놓았다.

지금까지 실시된 가장 장기적인 연구로 손꼽히는 하버드 대학교 성인발달연구에서는 인간관계에 대한 욕구가 보편적인 것으로 나타났다. 연구원들은 1938년 이후 남성 724명의 생애를 추적하며 지속적으로 그들의 건강, 일, 가정생활 등에 관해 질문했다.

흥미롭게도 이 방대한 규모의 연구에서 만족스러운 삶을 구성하는 요소는 직책, 수입 수준, 경력 만족도, 종교적 유대, 자녀의 수가 아니라 '인간관계의 질'이었다. 이 연구의 책임자 로버트 월딩어는 TED 강연을 통해 연구 끝에 얻은 세 가지 교훈을 공유했다. 첫째, 사회적 관계가 형성된 사람들이 더 오래 건강하게 산다. 둘째, 중요한 것은 인간관계의 양이 아니라 질이다. 셋째, 친구와 가족들에게 지지를 받는다고 느끼는 사람들은 그렇지 않은 사람들보다 더 오래 맑은 정신을 유지한다.

"이 75년간의 연구에서 얻은 가장 명확한 메시지는 이것이다. 좋은 인간관계가 우리의 행복과 건강을 유지시킨다. 덧붙일 말은 없다."

—로버트 월딩어Robert Waldinger

이 연구 결과는 미니멀 라이프와 멋들어지게 어울리며 우리가 지금껏 이 책에서 그려온 그림을 완성시킨다. 그렇다. 우리의 물리적·정신적 환경에 목적을 더하면 삶의 수준이 향상된다. 따라서 인간관계에도 이와 똑같은 수준의 목적을 담아야 우리가 살고자 하는 삶에 가까워진다. 이 장에서는 당신이 맺고 있는 인간관계의 현재 상태를 평가한다. 그리고 당신에게 도움이 되는 인간관계를 더욱 돈독하고 풍요롭게 만드는 방법과 그렇지 않은 인간관계에서 빠져나오는 방법을 살펴볼 것이다.

소중한 사람만 만나기에도
인생은 너무 짧다

미니멀리스트의 접근방식이라고 해서 친구를 절반으로 줄이거나 다른 사람을 받아들일 여유가 없다는 이유를 내세워 새로운 친구관계를 멀리하라고 하지는 않는다. 미니멀리스트는 목적을 가지고 관계를 만들어나간다. 기쁨이 가득한 삶에 의미를 선사하는 인간관계 말이다.

나에게 해로운 사람을 알아보는 방법

현재 당신의 삶에 한 역할을 담당하고 있는 인간관계를 떠올리고 적어보자. 친구와 직장동료, 학부형, 온라인으로 관계를 맺고 있지만 직접 만난 적은 없는 사람들의 이름도 적는다. 부모님, 형제자매, 시댁 식구나 처가 식구, 연인이나 배우자, 정기적으로 연락하는 친척, 자녀가 있다면 아이들의 이름을 넣는다. 그리고 이 관계들을 지지하는 관계, 중립적인 관계, 해로운 관계로 분류한다. 알다시피 인간관계는 시간이 지나면서 변화하며 한 범주에 영원히 머물지 않는다. 따라서 각 인간관계의 현재 상태에 초점을 맞추어 분류하라.

- 지지하는 관계: 당신을 지지하고 그 보답으로 당신의 지지를 받는 사람들
- 중립적인 관계: 교류를 통해 당신의 정서적 건강을 향상시키지도 않고 빼앗아가지도 않는 사람들
- 해로운 관계: 당신의 에너지를 고갈시키고 끊임없이 자신이나 삶에 대해 부정적으로 생각하게 만드는 사람들

내 경험상 특정한 사람과 교류한 후에 곧바로 기분이

어떤지를 자문해보면 인간관계를 가장 빨리, 그리고 의외로 가장 정확하게 평가할 수 있다. 그 사람을 만나고 집에 돌아오면 영감을 받거나 가벼워졌거나 혹은 어떤 식으로든 채워졌다는 기분이 드는가? 아니면 진이 빠지고, 소모되고, 이전보다 부족해졌다는 느낌이 드는가?

왜 싫은 사람을 옆에 두는가

어떻게 하면 자신에게 해로운 관계를 확인할 수 있을까? 해로운 사람과 함께 있으면 당신은 자신의 진정한 모습을 보여주기가 어렵고, 한 인간으로서 성장하고 발전한다는 느낌을 받지 못한다. 이런 느낌이 드는 이유는 해로운 사람들에게는 주변 사람들을 하찮고 다루기 쉬운 존재로 만들려는 욕구가 있기 때문이다. 그러면서 자신은 중요하고 필요한 사람이며 통제권을 쥐고 있다고 느낀다. 나는 이것이 자신도 떨칠 수 없는 뿌리 깊은 불안과 열등감에서 비롯된다고 믿는다. 이렇게 생각하면 그들에게 동정심이 느껴진다.

물론 동정심이 든다고 해서 이런 관계를 위해 우리의 자존감을 기꺼이 희생해서는 안 된다. 해로움의 정도와 그것이 당신에게 미치는 영향에 따라 살짝 거리를 두거나 아예 연락을 단절하는 식으로 관계를 포기할 수 있다.

　내 조언은 단순하다. 부디 해로운 인간관계를 지금 상태로 방치하지 마라. 이런 식으로 생각하자. 볼 때마다 스트레스 받는 어수선한 방을 더 이상 방치하지 않을 생각이라면, 왜 이보다 훨씬 더 교묘하게 나쁜 영향을 미치는 인간관계를 그대로 방치하는가? 누군가를 멀리한다고 해서 당신이 나쁜 사람인 것은 아니다. 오히려 강한 사람이 될 것이다. 자신을 보호하면서 자신과 관계를 맺는 대상을 부단히 경계하려면 엄청난 용기가 필요하다. 당신은 존중받아야 마땅하다. 그리고 자신을 존중받도록 만들 수 있는 있는 사람은 자신뿐이다.

어쩔 수 없이 계속 봐야 하는 관계라면

내가 아이들에게 가장 많이 들려주는 말은 이것이다. "우리는 다른 사람을 통제할 수 없어. 우리가 통제할 수 있는 사람은 자신뿐이란다." 물론 쉬운 일은 아니지만 우리가 무엇을 받아들이는지를 판단하는 감시자는 우리다. 아들이 점심시간에 친구가 해준 나쁜 말을 내게 전할 때, 혹은 딸이 자신의 옆돌기 재주를 친구가 깔본다며 눈물을 터트릴 때(우리 집의 문젯거리가 아직 이렇게 사소한 것이라는 사실에 감사한다) 나는 이렇게 말한다. "다른 사람들의 말과 행동은 그 사람들과 관계가 있을 뿐이지 우리와는 아무런 관계가 없단다. 그것이 어떤 의미인지는 우리가 선택할 수 있단 말이지."

이 이야기에서 더욱 흥미로운 것은 아이들에게 이 메시지를 반복해 말해줄 때마다 내가 그것을 마음속에 좀 더 깊이 새긴다는 사실이다. 아이들 못지않게 내게도 이 메시지가 필요하다. 나는 평생 마음을 한껏 열고 살았다. 어릴 때 엄마가 언니에게 언성을 높이면 걸음마를 배우던 아기일 때도 나는 눈물을 터트리곤 했다. 예민하고 직관적인 사람이라면 필터를 마련하기까지 평생이 걸릴 수 있다. 하지만 오랜 시간이 걸리더라도 이는 노력할 만한 가치가 있는 일이다. 안전하게 자신의 참모습을 보이는 순간들이 우리에게 가르쳐주는 것들이 있다.

"당신이 동의하지 않는다면, 아무도 당신이 열등감을 느끼게 만들 수 없다."

—엘리노어 루즈벨트Eleanor Roosevelt

이 교훈은 우리에게 도움이 되지 않으나 잘라내기 어

려운 인간관계에서 특히 효과적이다. 예컨대 시누이가 당신을 은근히 무시한다. 혹은 직장 상사가 당신을 항상 타박한다. 당신이 이 사람들과의 만남을 피한다 하더라도 아마 그들은 어떤 식으로든 당신의 인생에 남아 있을 것이다. 만일 이렇게 까다로운 관계라면 이 방법들을 고려해보자.

첫째, 이 사람을 달라지게 만들기 위해 고민하기보다는 신경 쓰지 말고 내버려두어라. 어떤 문제에 더 이상 저항하지 않으면 의외로 문제가 매우 사소해 보인다. (이 방법이 당신을 학대하는 사람이 아니라 까다로운 사람에게 적용된다는 사실을 굳이 짚어줄 필요가 없기를 바란다.)

둘째, 그 사람의 장점을 보고 그들의 행동을 섣불리 오해하지 않도록 진심으로 노력하라. 한 독자는 어머니가 종교적인 발언을 하면서 집안의 신앙을 따라야 한다는 뜻을 은근하게 전하려 한다고 말했다. 하지만 어머니의 말에 해석을 덧붙이는 대신 의도가 순수하며 어머니의 깊은 신앙을 보여주는 말이라고 생각한다면 어떨까? 자신과 관련된 모종의 의미가 담겼을 거라고 혼자 상상하는 버릇을 버려보자.

셋째, 자신을 정성껏 돌보며 중심을 잃지 마라. 자신을 적극적으로 돌보려는 마음이 없으면 지금까지 살펴본 모든 방법을 실천하지 못할 것이다. 요가를 하고, 느긋하게 목욕을 하고, 명상하고, 일기를 쓰고, 숙면을 취하라. 당신이 여유로워지면 삶의 한 부분을 차지하는 까다로운 사람들에게 더욱 현명하게 대처할 수 있을 것이다.

내 것이 아니면 떠안지 마라

우리는 해로운 사람들이 삶에 어떤 영향을 미치는지는 잘 알면서도 자신이 사랑하는 사람들의 부정적인 감정을 떠안는다는 사실을 의식하는 데는 무디다. 어렸을 때 나는 부모님이 돈에 쪼들린다고 느낄 때면 나 역시 쪼들린다고 느꼈다. 결혼한 뒤에 남편이 스트레스를 받으면 나역시 스트레스를 받았다. 아이들이 낯선 상황에 긴장하면 나 역시 함께 긴장했다. 주변 사람들의 감정을 고스란히 느끼기로 작정한 셈이었다.

하지만 누구나 자기만의 경험을 얻기 위해 지구상에 존재한다. 사랑하는 사람들이 고통스러워할 때 우리는 스스로 그들과 함께 고난의 길로 들어선다. 그들의 힘든 순간에 함께해주기 위해 자신이 가장 힘들었던 순간을 떠올린다. 그러나 애초에 왜 어두운 길로 들어섰는지도

잊을 만큼 오랫동안 그 길에 머물 필요는 없다. 다른 사람의 감정이 마치 자기 것인 양 떠안을 필요가 없다는 뜻이다. 당신이 출구도 없는 깜깜한 길에 갇혀 있으면 결국 누구에게 이롭겠는가?

미니멀리스트의 여정에서 우리는 무엇을 자신의 것으로 떠안을지 인식하는 법을 배워야 한다. 자신의 진짜 모습으로 존재하고, 주변의 모든 사람이 진정한 나로 존재해도 좋다고 인정할 때 따르는 안도감을 상상해보라. 그러면 다른 사람을 멋대로 판단하거나 그들에게 무언가를 기대하지 않을 수 있다. 스스로 조화를 이루고 기쁨을 느낄 수 있다. 내 이야기와 겹치는 다른 이야기가 많지만 그래도 내 인생은 여전히 내가 써야 할 내 이야기다. 그리고 주변 사람들도 마찬가지다.

단 여덟 명만이 내 인생에 남는다

생의 마지막 날을 상상해보자. 당신은 지금껏 잘 살아왔고 이제 곧 남기고 떠날 유산에 긍지를 느낀다. 이때 당신의 임종을 지키는 사람들은 누구일까? 이는 미국의 전 외교관, 다정한 남편이자 아버지, 기발함과 즐거움의 신봉자, 그리고 베스트셀러 『사랑으로 변한다』의 저자 밥 고프Bob Goff가 던진 질문이다. 밥 고프는 이 마지막 순간에 곁에 남을 만한 사람은 약간의 차이는 있겠지만 8명일 것이라고 생각한다. 20명이 아니다. 50명도 아니다. 페이스북 친구 800명도 아니다. 8명이다.

당신의 여덟 명은 누구인가? 잠시 여러분 생애의 마지막 순간에 임종을 지킬 것이라고 예상하는 사람들의 이름을 적어보자. 그러고 나서 이 인간관계가 자신에게 얼마나 큰 의미인지 돌아보라.

임종을 맞기에는 나에게 아직 남은 시간이 많다고 생각되지만, 나의 여덟 명은 내가 영원히 아끼고 신경 쓰고 싶은 사람들이다. 나는 그들을 깊이 사랑하고 그들 역시 나를 사랑한다고 믿고 싶다. 나는 사실 이보다 더 중요한 것을 떠올릴 수 없다.

인스타그램이 내 삶을 망치는 방식

지금껏 살펴본 원칙을 선택해 SNS에서 팔로우하는 사람들에게 적용하라. 타인이 당신을 만족시킬 만한 콘텐츠를 게시해야 할 책임은 없다. 하지만 당신에게는 자신이 보는 것을 걸러낼 책임이 있다. 팔로우하는 사람이 올리는 게시물이 당신의 가치관을 뒷받침하는지, 중립적인

지, 혹은 해를 끼치는지 고려하라. 만일 어떤 사람의 게시물이 자신에게 해롭다면 실생활에서 알고 지내는 사람일지라도 그 사람을 팔로우할 이유가 없다.

나는 아마 고등학교 재학 시절에 SNS가 존재하지 않았던 마지막 세대일 것이다. 내가 대학을 졸업하기 2년 전쯤에 페이스북이 등장했지만 인스타그램, 스냅챗, 핀터레스트는 몇 년이 더 지난 뒤 주류에 합류했다. 인플루언서나 유튜브 셀럽이 되는 것은 꿈도 꾸지 않았다. 아마 그것은 내가 성장하던 시절에 그런 것이 존재하지 않아서이거나 그냥 내 성격 때문일 것이다. 그래도 나는 SNS에서 팔로우하는 사람만큼은 항상 지극히 (솔직히 말하면 무자비할 정도로) 까다롭게 선택한다.

2년 전에 공감이 가는 메시지를 올리는 한 여성을 팔로우했다. 그녀의 인스타그램 스토리를 즐겨 보았고 그녀가 진실성을 중요하게 여기고 자신을 완벽한 사람으로 그리려고 애쓰지 않는 점을 높이 평가했다. 그녀는 예쁘게 손질한 손톱을 보여주며 커피 한잔을 들고 연출한 사진을 한 장 올릴 때마다 화장기 하나 없는 얼굴로 걸음마를 배울 나이의 아기를 허리춤에 안고 있는 사진도 올렸다. 하지만 그녀의 프로필은 갈수록 점점 트렌디해졌고. '있는 그대로의 자신을 사랑하라'는 그녀의 메시지는 '꿈을 위해 나아가라'는 메시지로 발전했다. 그녀는 이렇게 가르쳤다. "무언가를 원한다면 그 어떤 것의 방해도 허용하지 마라."

그래도 나는 그녀의 삶을 보는 것이 여전히 즐거웠으며 오로지 SNS만이 조장할 수 있는 이상한 방식으로 그녀 가족의 성공과 행복에 관심을 가지게 되었다. 만난 적도 없고 십중팔구 앞으로도 만나지 않을 사람들인데 말이다. 그녀를 언팔로우 하는 것은 영화를 중간쯤 보다가 마는 것같이 느껴졌다. 결말이 궁금했다.

그러다 문득 내가 그녀와 나를 비교하고 있다는 사실을 깨달았다. 어느 화요일에 입은 내 트레이닝 바지와 그녀가 토요일 밤에 입은 명품 청바지를 비교하고 있었다. 세상을 바꾸고 싶다며 소리 없이 천천히 불타오르는 내 소망과 문이란 문은 모조리 두드리고 아무리 높은 벽이라도 극복하고야 말겠다는 그녀의 흔들리지 않는 결심을 비교하고 있었다.

그래서 나는 팔로우를 끊었다. 그녀의 결과물은 잊고 내 결과물에 다시 초점을 맞추었다. 내 머릿속에서 진행되던 그 불리한 비교들을 그녀의 탓이라고 생각지 않는다. 그녀의 메시지는 수많은 사람에게 커다란 영향을 미칠 것이며 그것은 근사한 일이다. 다만 나와는 상관없는 일이었다. 그리고 내가 무엇을 내 안으로 받아들이는지를 감시하는 일은 (그녀가 아니라) 내 책임이다.

이 인플루언서와 나의 관계처럼 온라인 관계는 오프라인에서 맺는 관계만큼 우리에게 영향을 미친다. 지금 팔로잉 리스트를 확인하고 당신이 받아들이는 그들의 메시지가 삶에 대한 자신의 가치관이나 비전과 일치하는지 확인하라.

작은 성취가 만드는 커다란 변화

옷장을 정리하고 나서 세상을 평정할 수 있을 것 같은 기분을 느낀 적이 있는가? 이 솟구치는 성취감은 매우 강렬해서 삶의 다른 영역으로 확장되기 마련이다. 갑자기 이직을 계획하고, 여행을 계획하거나 오랫동안 눈독을 들이던 동호회에 참석할지 모른다.

이런 에너지는 아름다운 것이다. 그러나 이 솟구침이 잦아들고 정리한 모든 공간의 새로움이 차츰 사라져 새로운 일상에 적응하고 나면 한층 더 심오한 무언가가 펼쳐진다. 마음속에 생긴 더 큰 공간을 발견하게 되는 것이다.

가치관에 가장 근접한 인생을 살게 되니 많은 것이 변했다. 속내를 털어놓는 아이들과 눈을 맞추게 되고 남편의 단점보다는 그의 노력을 먼저 발견하게 되며 친구가 입을 열기도 전에 그의 고통을 느낄 수 있었다. 미니멀리스트의 여정이 당신의 마음속에 만드는 공간을 지켜보고 이를 활용해 소중한 인간관계를 더욱 돈독하게 만들어라.

비밀을 털어놓지 않는 친구의 한계

한 독자가 친구를 사귀려고 무진 애쓰고 있다는 내용의 메일을 보내왔다. 그녀는 몇몇 친구 집단의 주변에 겉돌고 있다고 느낄 뿐만 아니라 예전에 어느 단체 채팅방과 모임에서 따돌림을 당했다. 사람들과 두루 사이가 좋지만 정작 가까운 사람은 없다고 말했다.

나는 이 여성에 대해 아는 바가 없다. 그녀의 나이, 직업, 가족 상태, 거주 국가를 모른다. 그러니 다른 사람과 관계를 맺는 소질에 관한 어떤 것도 안다고 가정할 수 없다. 하지만 머릿속에 즉시 떠오른 질문은 이것이었다. '삶에서 한 부분을 차지하는 사람들에게 진정한 자신을 보

"우리는 다른 사람을 통제할 수 없어.
우리가 통제할 수 있는 사람은
자신뿐이란다."

여주는가?' '단골 레스토랑이나 피상적인 수준의 관심사를 넘어 자신에 관한 정보를 공유하는가?'

직장에 다니기로 선택하는 바람에 가정에서 무언가를 놓칠 때 느낀 무력함, 인간관계가 마음 아프게 끝났을 때 느꼈던 허망함, 자신이 어떤 일에 적임자가 아니라는 사실을 동료들이 알게 될 것이라는 두려움 등 약점을 기꺼이 털어놓겠다는 마음이 인간관계에 깊이를 더한다.

물론 여기에는 위험이 따른다. 상대방이 당신의 감정적인 노력에 보답하며 본인의 이야기를 공유하지 않을 가능성이 항상 존재한다. 더군다나 가능성이 이보다 더 희박하기는 하지만 당신이 들려준 이야기를 악의적으로 이용할 수 있다. 하지만 이런 과정을 거치지 않으면 관계는 더 깊어지지 않는다. 게다가 누군가와 친밀한 관계를 맺지 못하고 평생을 살 위험은 사소한 거절을 당하는 위험보다 훨씬 더 무시무시하다.

본질적으로 미니멀리즘의 핵심은 진실성이다. 이미지보다는 진실성이 우선이다. 자신의 가치관과 일치하는 행동을 하면 내면의 확신을 얻는다. 요컨대 자신의 삶의 방식에 스스로 만족할 때 인간관계에 안정감과 자신감을 실을 수 있다.

사람이든 물건이든
좋은 것만 곁에 둘 것

인간관계에 미니멀리즘을 적용할 때 한 가지 문제점은 사람은 평생 동안 살펴야 한다는 사실이다. 잡동사니는 한번 정리하면 대부분 다시 정리할 필요가 없다. 하지만 인간관계는 어떨까? 인간관계는 결코 끝나지 않는다.

사용하지 않는 물건을 없애는 것은 충분히 있을 수 있지만 어떤 사람을 인생에서 없애는 것은 좀처럼 있기 힘든 일이다. 앞서 살펴보았듯이 정말 해로운 사람들을 제외하면 우리 삶의 한 부분인 사람은 대부분 물건보다 더 많이 용인하고 더 많이 기회를 주어야 할 가치가 있다. 쉽게 얻을 수 있는 사랑은 진정한 사랑이 아닐 것이다. 사랑은 도전을 안긴다.

누구에게나 받은 만큼 돌려주지 않는 친구들이 있다. 20대 초반 나는 동네에 새로 이사 온 캐서린과 친구가 되었다. 캐서린을 내 친구들에게 소개하고 내가 다니던 헬스장에 오도록 설득했으며 파티에 데려갔다. 그녀가 성장 과정, 직업, 어려운 인간관계를 단절했던 사연을 전할 때 귀담아들었고 그녀가 독립해서 자기 집을 장만할 수 있도록 최선을 다해 도왔다.

캐서린은 조금씩 영역을 넓히며 다른 친구들을 사귀었다. 우리는 이후로도 몇 년 동안 계속 연락했다. 그런데 서로 이사를 가면서 멀어졌을 때 나는 깨달았다. 우정을 쌓았던 몇 년 동안 우리의 관계는 반대 방향으로 흘렀던 적이 한 번도 없었다는 사실을 말이다. 여자들끼리 밤에 외출하거나 심지어 잠옷 바람으로 슈퍼마켓에 갈 때조차 캐서린이 나를 태우러 온 적은 없었다. 내 이야기를 할 때 들어준 적도 없었다. 나는 언젠가 그렇게 될 것이라고 기대했지만…… 그런 일은 일어나지 않았다.

비록 캐서린과의 관계에서 내가 원했던 것을 얻지는 못했지만 어떤 의미에서 나는 더 좋은 것을 얻었다. 기대한 만큼 돌려받지 못했을지언정 사랑과 친절을 실천할 기회.

미니멀리즘의 전반적인 철학(삶의 비전에 의미 있게 기여하는 대상을 의도적으로 소중하게 여기는 것)은 우리가 구입하는 물건이나 시간을 보내는 방식과 마찬가지로 인간 관계에도 적용된다. 하지만 이론은 동일해도 실제는 다르다. 사람은 물건과는 다르게 대접받을 가치가 있기 때문이다. 결국 우리가 인간관계에서 기대하는 것은 사람마다 다를 수 있지만 거기에서 얻는 교훈은 우리에게 지대한 영향을 미친다.

9장

작은 변화로 시작된
일상의 기적

••••

사소하고 꾸준한 것들이
인생을 바꾼다

미니멀리스트의 여정을 시작해 나와 함께 여기까지 도달한 당신이 자랑스럽다. 우리는 함께 집, 경력, 가족생활, 돈, 시간 관리, 인간관계 등 여러 영역을 다루었다. 당신이 성취한 내적 변화를 자축하기를 바란다. 축하한다!

마지막으로는 이 연습을 꾸준히 계속할 수 있는 몇 가지 전략을 제시할 것이다. 지금 어느 단계까지 여정을 진행했든 상관없이 이 방식을 선택할 수 있다는 사실을 염두에 두길 바란다.

미니멀 라이프를 추구하고자 하는 열정의 불꽃은 이따금 깜박거리다가 결국 불씨가 꺼지기도 한다. 그래도 괜찮다. 그렇다고 실패했다는 의미는 아니다. 난관에 부딪히는 것이 당연하다는 것을 각오하고 있다면 그동안 안간힘을 쓰며 도망치려 했던 어수선하고 정신없는 생활로 돌아갈 가능성이 적어진다. 하지만 결국에는 커다란 기쁨을 선사할 이 변화는 노력해서 얻을 만한 가치가 있다. 오늘부터 당장 집중적으로 실천할 수 있는 몇 가지 방법을 알아보자.

습관을 선택하라

비전을 실천할 수 있는지 여부를 결정하는 것은 사실 일상적인 습관이다. 지금껏 도움이 되지 않았던 낡은 습관을 없애고 미니멀 라이프에 힘을 실어줄 새로운 습관을 기르면 힘이 생긴다. 사소하더라도 장기적으로 변화하고 싶다면 지금 당장 목표로 삼고 싶은 습관을 최대 세 개까지 선택하라. 몇 가지 예를 들면 다음과 같다.

- 잠자기 전에 여백의 시간을 즐겨라. 텔레비전, 컴퓨터, 태블릿, 스마트폰을 끄고 미디어를 접하지 않는 시간이다.
- 기분이 안 좋을 때마다 쇼핑하는 습관을 고친다.

- 하루에 두 번 정해진 시간에만 이메일을 확인한다.
- 특정한 시간을 정해놓고 그때만 SNS를 한다.
- 가족이나 사랑하는 사람에게 일주일에 한번 전화를 걸어 목소리를 듣는다.
- 평일의 특정한 시간 동안 스마트폰을 다른 방에 놓아둔다.
- 매일 일과를 시작하기 전에 오늘 가장 중요한 세 가지 일을 선택한다.
- 필요하지 않은 물건을 구입하기 전에 적어도 5분간 멈춰서 기다린다.
- 10점 만점에 10점이라고 생각되는 옷만 구입한다. 그 이외에 옷은 과감하게 포기한다.
- 주말이 되면 같은 시간에 식사를 준비하고 다음 한 주를 위한 식단을 짠다.
- 누군가로부터 부탁을 받았을 때 즉시 흔쾌히 수락하고 싶은 마음이 생기지 않는다면 이렇게 대답한다. "부탁해줘서 고마워요! 생각해보고 답변 드리겠습니다." (본인의 가치관에 일치하는 부탁인지 고려할 수 있는 시간을 벌 수 있다.)

반복, 반복뿐이다

어떤 습관을 완벽하게 기르는 데 소요되는 기간은 따로 없다. 하지만 반복은 존재한다. 제임스 클리어는 『아주 작은 습관의 힘』에서 우리를 변화시키는 것은 반복이라고 주장한다.

"목표를 떠올릴 때 원하는 결과를 생각하지 마라. 그 결과를 얻을 수 있는 반복에 초점을 맞춰라. 성공하기까지 투자하는 엄청난 노력을 떠올려야 한다. 걸작을 얻기까지 빚었던 수백 개의 도자기에 초점을 맞춰라."

어떤 습관을 들이기로 선택했든 간에 한번의 '반복'을 수행할 때마다 가상의 도표에 획 하나를 추가한다고 상상하라. 종이에 반복 횟수를 기록해 진전 상황을 눈으로 확인할 수 있으면 더 좋다.

단골 온라인 쇼핑몰에 접속하는 대신 친구에게 전화를 걸 때마다 획 하나를 추가한다. 일요일 저녁에 다음 한 주간 계획을 세울 때마다 획 하나를 추가한다. 사용하지 않는 물건을 기부함에 넣을 때마다 획 하나를 추가한다. 의도적인 습관을 기른다면 더 중요한 일을 처리할 여유가 생길 것이다.

다음번 선택이 더 중요하다

당연히 난관에 부딪힐 것이다. 하지만 중요한 것은 다음 행동이다. 스트레스를 많이 받은 날이면 잡동사니 정리를 중단하고 트위터에 들어가 스크롤이나 내리고 있을 것이다. 자신에게 실망감을 느껴도 좋다. 하지만 그런 다음에는 다시 선택을 해야 한다. 수치심과 자기혐오를 선택할 수 있고, 실패했다고 생각할 수도 있다. 그러나 난관을 인식하고 자신을 수용하면 생각과 에너지를 다음 단계로 돌릴 수 있다. 대부분의 사람에게 두 번째 선택이 훨씬 더 어렵다. 여태껏 이런 방향으로 정신을 훈련시킨 적이 없기 때문이다. 하지만 이 선택이야말로 제 궤도로 돌아갈 수 있는 가장 빠르고 확실하며 건전한 방법이다.

작은 성공을 축하하라

내가 아는 어느 가족은 무슨 일이든 축하한다. 중대하든 사소하든 간에 모든 성공이 다른 어떤 것에 못지않게 축하할 가치가 있다고 생각한다. 나는 그 가족의 부모와 자녀를 수십 년 동안 알고 지냈다. 학기말 고사가 끝난 날,

대학 합격 통지서를 받은 날, 직장에 처음 출근한 날, 직장을 떠나던 날을 축하하는 그들의 모습을 지켜보았다. 또한 여느 사람과 다름없이 상실과 아픔을 경험하는 모습도 지켜보았다. 그러면서 나는 '어떤 일'을 겪는지는 크게 상관이 없다는 사실을 깨달았다. 그 시간을 보내는 방식이 그들의 삶을 한층 더 특별하게 만들었다.

지금껏 미니멀리즘 여정에서 어떤 성과를 거두었는가? 즐겨찾기 목록에서 온라인 쇼핑몰을 삭제했는가? 다른 가족보다 30분 일찍 일어나기 시작했는가? 직장에서 자신의 가치관과 더 어울리는 자리로 옮겼는가? 당신은 축하받아 마땅하다.

끊임없이 당신의 '왜'를 되새겨라

의지가 약해진다고 느껴질 때마다 자신의 '왜'를 되새기며 의지를 강화하라. 사진을 찍거나 작은 앨범을 만들어 발전하는 과정을 기록으로 남긴다. 배우자나 친구에게 당신의 비전을 설명한다. 처음 이 길로 들어섰던 순간을 일기에 적는다. 왜 이런 방식으로 살고 싶은지를 적고 진심으로 그것을 원한다는 사실을 스스로 일깨워라.

다시는 그전으로
돌아가지 않을 것이다

고백한다. 이 책을 쓰기 전에 나를 '미니멀리스트 지망생'
이라고 생각했다. 나를 '진정한 미니멀리스트'라고 자칭하
지 않았다. 이 표현이 너무 단정적으로 느껴지기 때문이
었다.

　나는 진정한 미니멀리스트라고 불릴 만한 자격이 없다
고 생각했다. 하지만 이 책을 쓰는 동안 (그리고 이 주제
에 대해 너무 많이 생각한 나머지 꿈까지 꾸는 동안) 미니멀
리즘은 사람들이 하다 말다를 반복하는 다이어트가 아
니라고 판단했다. 미니멀리즘은 다육식물 화분과 그림
한 점 이외에는 아무것도 없는 하얀색 방이 아니다. 캡
슐 옷장Capsule Wardrobe(1970년대에 수지 폭스Susie Faux가 소
개한 개념으로 '몇 벌의 기본적인 아이템으로 구성된 옷장'을
일컫는 용어—옮긴이)이나 잡동사니가 없는 서랍, 혹은 나
무로 조각한 작은 장난감 컬렉션이 아니다. 선별 과정이
엄격하고 일단 입회하면 비밀 악수를 나누는 클럽이 아
니다.

　미니멀리즘은 사고방식이다. 몇 년이 걸리더라도 서서

히 자신에게 적합한 삶을 향해 나아가겠다는 결심이다. 나의 참모습과 어울릴 뿐만 아니라 나를 한층 더 충만한 사람으로 만드는 삶이다. 그리고 무엇보다 미니멀리즘은 원하기만 하면 내 것이 되는 정체성이다.

소비 습관에서 시간 관리, 그리고 인간관계에 이르기까지, 가장 근본적인 행동을 진정으로 변화시키려면 정체성을 바꾸어야 한다. 언제나 지망생에 머물기보다는 오늘부터 미니멀리스트라는 정체성을 갖기로 선택하라. 이 정체성을 완전히 당신의 것으로 삼아라. 피할 수 없는 실패도 겸허히 받아들여라. 다시는 정신없는 삶으로 돌아가지 않겠다고 다짐하라. 삶이 천천히 변화하는 모습을 지켜보라.

감사의 말

내가 열한 살 때부터 계속 글을 쓰라고 용기를 준 부모님과 스승, 멘토들에게 진심으로 고마움을 전한다. 칼리스토 미디어의 편집팀, 특히 멜리사 발렌타인과 로라 리 매팅리에게 감사하다. 자신을 사례로 사용할 수 있도록 허락한 친구들과 인내심을 발휘하며 집필 과정을 지지한 우리 아이들에게 감사의 말을 전한다. 그리고 당연히 남편에게 감사하다. 남편이 나를 믿어주듯이 당신을 믿어주는 사람이 있다면 그것은 진귀한 선물이다.

옮긴이 **이미숙**

계명대학교 영어영문학과를 졸업하고 동대학원 영어영문학과 석사학위를 취득하였으며, 한국외국어대학교 통번역대학원에서 수학했다. 현재 번역 에이전시 엔터스코리아에서 출판기획 및 전문 번역가로 활동하고 있다. 주요 역서로는 『금융혁명 2030』 『무엇이 당신을 최고로 만드는가』 『빌 브라이슨의 대단한 호주 여행기』 『데일카네기의 인간관계론』 『무조건 달라진다』 등 다수가 있다.

나는 인생에서 중요한 것만 남기기로 했다

초판 1쇄 발행 2020년 3월 10일
초판 10쇄 발행 2022년 8월 22일

지은이 에리카 라인 **옮긴이** 이미숙

발행인 이재진 **단행본사업본부장** 신동해
책임편집 이혜인 **디자인** 이경란
마케팅 최혜진 최지은 **홍보** 최새롬
국제업무 김은정 **제작** 정석훈

브랜드 갤리온
주소 경기도 파주시 회동길 20
문의전화 031-956-7208(편집) 031-956-7127(마케팅)
홈페이지 www.wjbooks.co.kr
페이스북 www.facebook.com/wjbook
포스트 post.naver.com/wj_booking

발행처 ㈜웅진씽크빅
출판신고 1980년 3월 29일 제406-2007-000046호

한국어판 출판권 ⓒ 웅진씽크빅, 2020
ISBN 978-89-01-24010-7 (03190)